Robert H. Schuller

# Es gibt eine Lösung
# für jedes Problem

Robert H. Schuller

# Es gibt eine Lösung für jedes Problem

## Wie man erst recht nicht aufgibt

Die Deutsche Bibliothek – CIP-Einheitsaufnahme

**Schuller, Robert H.:**
Es gibt eine Lösung für jedes Problem : wie man
erst recht nicht aufgibt / Robert H. Schuller. – 2. Aufl. –
München : mvg-Verlag, 1991. –
  (mvg-Paperbacks ; 320)
  Einheitssacht.: Move ahead with possibility
  thinking ‹dt.›
  ISBN 3-478-03200-8

NE: GT

2. Auflage 1991

Das Papier diese Taschenbuchs wird möglichst umweltschonend hergestellt und enthält keine optischen Aufheller.

Veröffentlichung mit freundlicher Genehmigung des Oesch-Verlages, Zürich, in der Taschenbuchreihe der Modernen Verlagsgesellschaft mbH, München
© by Robert H. Schuller
Titel des Originals: »Move Ahead with Possibility Thinking«

© Alle deutschsprachigen Rechte bei Oesch-Verlag AG, Zürich
Einzig berechtigte Übertragung: Alfred Mohler

Umschlaggestaltung: Gruber & König, Augsburg
Druck- und Bindearbeiten: Presse-Druck Augsburg
Printed in Germany 030200/991602
ISBN 3-478-03200-8

# Inhalt

# Zum Geleit

Den Autor dieses Buches lernte ich kennen, als er mich vor mehr als zehn Jahren einlud, seine Lebensarbeit kennenzulernen. Die Entschlossenheit, die Tatkraft und die Begeisterung, mit denen er an ein scheinbar unlösbares Problem herangegangen war und die ihm geholfen hatten, alle Schwierigkeiten zu überwinden, beeindruckten mich ausserordentlich.

Einige Jahre später durfte ich an der Einweihungsfeier für ein grosses neues Werk teilnehmen, das Robert Schullers schöpferischer Geist, seine nie versiegende Begeisterung und sein positives Denken hatten Wirklichkeit werden lassen.

Mit den wunderbaren Eigenschaften, die dem Verfasser dieses Buches halfen und die jedem Menschen helfen, seine Pläne zu verwirklichen und sein Ziel zu erreichen, wird der Leser vertraut gemacht. Robert Schuller zeigt, wie man wirkliche und vermeintliche Hindernisse überwinden, sich entwickeln und zu einem glücklichen Leben gelangen kann.

«Es gibt eine Lösung für jedes Problem» ist ein anregendes, ein beglückendes Buch, in das die religiöse Botschaft überzeugend hineingewoben ist. Es ist ein leicht zu lesendes, ausserordentlich menschliches Dokument, das mich vom Anfang bis zum Schluss in seinen Bann gezogen hat.

Ich bin überzeugt, dass jedermann, der dieses Buch liest und sich an seine Ratschläge hält, das erreichen wird, was er sich zum Ziel setzt. Ich habe viele Bücher gelesen, die Zuversicht und Hoffnung gaben und brauchbare Ratschläge boten – «Es gibt eine Lösung für jedes Problem» ist eines der besten!

Norman Vincent Peale

# Negatives Denken
# löst kein Problem

Es gibt Menschen,
die gemächlich vor sich hin trotten, anstatt kräftig
auszuschreiten,
die jammern, anstatt fröhlich zu pfeifen,
die weinen, anstatt zu lachen,
die sich von ihren Problemen niederdrücken,
die sich durch Enttäuschungen entmutigen
lassen,
die Kummer krank macht,
die vom Leben enttäuscht sind,
die lebensmüde sind,
denen es an Schwung und Begeisterung fehlt,
deren Ideen und Vorstellungen verwelken, anstatt
zu blühen,
verflachen, anstatt zu wachsen,
verkümmern, anstatt sie zum Erfolg zu führen.
Für diese, aber auch für jeden mitunter zweifeln-
den Menschen ist dieses Buch bestimmt.

*Dieses Buch will helfen, das Denken und dadurch das
Leben zu ändern.*

Es lehrt uns, aufzuhören Gründe zu suchen,
warum etwas nicht möglich ist, und anzufangen
Wege zu finden, wie etwas möglich ist.

Die Menschen lassen sich in zwei grosse Gruppen mit einer grundverschiedenen Denkweise einteilen. Die einen möchte ich als «negativ denkende Menschen» bezeichnen, die andern als «positiv denkende Menschen». Zu welchen gehörst du?

## Negativ denkende Menschen

Negativ denkende Menschen gehen flüchtig über neue Ideen und Vorschläge hinweg. Wenn überhaupt, betrachten sie sie mit kritischem Blick, und stets suchen sie Gründe, warum etwas nicht möglich ist, statt Wege, wie es möglich werden kann. Sie neigen dazu, zu einem Vorschlag nein zu sagen, ehe sie ihn überhaupt richtig angehört haben.

Impulsiv, vorschnell und voreingenommen versuchen sie, jede Anregung im Keime zu ersticken. Mit verallgemeinernden, kaum durchdachten und wenig stichhaltigen Argumenten erklären sie, warum etwas nicht möglich ist, weshalb die Idee schlecht ist, wie ein anderer es bereits erfolglos versucht hat oder – und das ist meistens ihr Hauptargument! – wieviel es kosten wird. Es sind Menschen, die unter einer gefährlichen geistigen Einstellung leiden, die ich als Unmöglichkeitskomplex bezeichnen möchte. Sie halten alles für unmöglich. Sie sehen Probleme und Schwierigkeiten, wo keine sind, sagen Misserfolge voraus, bauen sich in ihrer Vorstellungswelt selber Hindernisse und überschätzen allfällige Kosten ganz gewaltig.

Ihr Verhalten bewirkt Zweifel und Ängste und schafft ein geistiges Klima der Ohnmacht und des Pessimismus. Sie verbreiten Sorge um sich, zerstören jeden Optimismus und alle Zuversicht. Und das Ende vom Lied? – Begrabene erfolgversprechende Ideen, fallengelassene gute Projekte, aufgegebene Ziele, die in Reichweite waren.

## Positiv denkende Menschen

Positiv denkende Menschen handeln wie die Honig suchende Biene, die jede Blume anfliegt und schliesslich auch Honig findet – oft an den unvermutetsten Stellen. Sie prüfen wachen Sinnes jedes Problem, jeden Vorschlag, jede Möglichkeit; so finden sie die positive Seite, die ausnahmslos jeder Situation innewohnt.

Es sind Menschen – genau wie du –, die nicht aufgeben, wenn sie unvermutet vor einem Berg stehen. Sie lassen nicht nach, bis sie entweder einen Weg, der hinüber, oder einen Tunnel, der hindurch führt, gefunden haben.

## Warum haben sie Erfolg?

Sie haben gelernt, in allen Lebenslagen nach neuen Möglichkeiten Ausschau zu halten, und sie haben gelernt,

- Minderwertigkeitskomplexe zu überwinden und zuversichtlich zu leben,
- neuen Ideen und Anregungen gegenüber aufgeschlossen zu sein und sie objektiv zu beurteilen,
- neue Möglichkeiten aufzuspüren und mutig zu ergreifen,
- schwierigen Problemen nicht auszuweichen, sondern sie schöpferisch zu lösen,
- Misserfolge gleichmütig hinzunehmen und daraus Lehren für die Zukunft zu ziehen.

Es sind Menschen, die ihren Weg gefunden haben.
Ich lade dich ein, ebenfalls ein positiv denkender Mensch zu werden, ein Jemand in einer Welt zu vieler Niemande, ein erfolgreicher Mensch in einer Vielzahl erfolgloser.
Ich verspreche dir, dass auch du, wenn du dich an die Grundsätze positiven Denkens hältst, dahin gelangen wirst,

- die positiven Möglichkeiten zu sehen, die jedem Problem und jeder Schwierigkeit innewohnen,
- Gelegenheiten, die sich dir bieten, wahrzunehmen,
- Misserfolge und Niederlagen in Siege zu verwandeln,
- deine Ziele zu erreichen.

In den Seiten dieses Buches liegt der Weg zum Erfolg. Gehe ihn – und ungeahnte Kräfte werden fortan dein Leben bestimmen!

## Warum ich so gewiss bin

Ich habe erlebt, was positives Denken im Leben Tausender von Menschen bewirkt hat. Als Seelsorger einer der grössten Kirchen der Vereinigten Staaten hatte ich mit unzähligen Menschen zu tun, die sich in schwierigen und verworrenen Situationen befanden. Ich habe gesehen, wie negativ denkende Menschen untergingen, und ich habe erlebt, wie positiv denkende Menschen den Sieg über oft ausweglos scheinende Situationen davontrugen.

Warum bin ich so sicher, dass dieses Buch dir helfen wird? Positives Denken hat in meinem eigenen Leben Berge versetzt. Es hat mir immer wieder geholfen; und wenn du erst einmal damit vertraut sein wirst, wird es auch dir helfen.

Begleite mich nun auf der anregendsten Reise deines Lebens, auf der du lernen wirst, als positiv denkender Mensch deinen Weg zu gehen.

# Positives Denken
# versetzt Berge

Sein Wagen fuhr an der alten Holzscheune vorbei und stoppte vor unserem Gartentor inmitten einer Wolke von Sommerstaub. Barfüssig rannte ich über den splitterigen Holzboden der grossen Eingangshalle, um meinen Onkel Henry zu begrüssen, der sich lachend aus dem Wagen beugte. Onkel Henry war ein grosser, stattlicher Mann, der vor Tatkraft und Lebensfreude sprühte. Nach langen Jahren, die er als Missionar in China verbracht hatte, besuchte er uns nun auf unserer Farm in Iowa. Er stieg aus und legte seine beiden grossen Hände auf die Schulter von mir vierjährigem Knirps. Liebevoll fuhr er durch mein ungekämmtes Haar und sagte: «Du bist wohl Robert! Bestimmt willst du einmal Pfarrer werden.» In jener Nacht betete ich insgeheim: «Und, lieber Gott, lass mich Pfarrer werden, wenn ich einmal gross bin!» Ich glaube, Gott hat damals aus mir einen positiv denkenden Menschen gemacht.

Sechzehn Jahre später trat ich in das Western Theological Seminary ein. Während meiner Studienzeit befremdete mich immer wieder die Haltung gewisser besonders ehrgeiziger Studenten, wenn sie vor dem Schlussexamen standen und begannen, sich nach einer Pfarrstelle umzusehen. Die grossen Kirchgemeinden des Landes waren die begehrtesten, und manchem meiner Mitstudenten schien jedes Mittel recht zu sein, um an eine solche Gemeinde gewählt zu werden. Mir lag diese Art nicht, und oft dachte ich bei mir: «Ich sehe mich einfach nicht als ein Bewerber dieser Art, vielleicht gar Ränke schmiedend, um die Stelle zu bekommen, und womöglich missgünstig und eifersüchtig werdend, wenn dann doch ein anderer gewählt wird.» Ich wollte meine Laufbahn nicht auf diese Art und Weise beginnen.

Zu jener Zeit schrieb ich an George Turett, der in seiner Jugend an eine kleine, sich mühsam behauptende Gemeinde in Texas gewählt worden war. Bei seinem Amtsantritt hatte er gesagt: «Ich will mein Bestes geben, ja mein Leben, wenn es nötig sein sollte, um aus meiner Gemeinde die grösste von ganz Amerika zu machen.» Er erreichte sein Ziel. Als er sich vierzig Jahre später zurückzog, hinterliess er die grösste und vielleicht glaubensstärkste Gemeinde von ganz Amerika. Eine solche Aufgabe schwebte mir vor! Und immer wieder betete ich: «Herr, lass mich eine Gemeinde von Grund auf aufbauen. Gib mir Gelegenheit, eine grosse Aufgabe zu lösen und ein Werk zu hinterlassen, das auch Generationen dienen wird, die heute noch gar nicht geboren sind.» Ich wurde ordiniert und begann meine Tätigkeit in Ivanhoe, einem Vorort von Chicago. Nach viereinhalb Jahren erhielt ich den Ruf, in Orange County in Kalifornien eine neue Gemeinde aufzubauen. Ich kannte die Westküste nicht und beschloss, mir erst einmal die Gegend anzusehen. Inmitten von Orangenhainen wuchsen reihenweise Häuser in die Höhe, der Beginn einer wahrhaften Bevölkerungsexplosion; nur sah ich keinerlei Möglichkeit, eine neue Kirchengemeinde aufzubauen. Unentschlossen fuhr ich nach Chicago zurück. Im Zug fragte ich in jener Nacht inbrünstig: «Herr, soll ich nach Kalifornien gehen?»

Es war nahezu Mitternacht. Hellwach lag ich in meinem Schlafwagenabteil, und fragend blickte ich aus dem Fenster. Hoch oben in den Bergen Arizonas hielt der Zug, und das Licht des Vollmonds fiel auf die schneebedeckten Tannen. Plötzlich trat ein Reh hinter einem Baum hervor und sprang leichtfüssig durch die klare Mondnacht, eine Fahne trockenen Schnees hinter sich herwirbelnd. Da kam mir die Erleuchtung, die positive Eingebung: «Die grössten Kirchengemeinden müssen erst noch geschaffen werden.»

Das war es. Gott gab mir Antwort auf mein fünf Jahre altes Gebet. Hier war meine Chance, eine grosse Gemeinde aufzubauen. Mein Entschluss war gefasst. Ich würde die Herausforderung annehmen und nach Kalifornien ziehen; dort wollte ich eine neue Gemeinde ins Leben rufen. Als ich in Chicago aus dem Zug stieg, konnte mir meine

Frau die Entscheidung vom Gesicht ablesen. «Ich sehe, Liebling, wir gehen nach Kalifornien», sagte sie.

Der Weg von Chicago nach Kalifornien kann im Februar recht gefährlich sein. Aber alles ging gut; die Strassen waren durchwegs trocken. In Sioux City parkierte ich vor einer Musikalienhandlung. In meiner Tasche waren vierhundert Dollar, ein Abschiedsgeschenk meiner früheren Gemeinde. Der Ladeninhaber, mein Freund Howard Duven, verkaufte mir eine kleine elektronische Orgel zu den Bedingungen, die ich ihm anbot: vierhundert Dollar bar und fünfundvierzig Dollar monatlich während drei Jahren, Lieferung direkt nach Kalifornien.

Am 27. Februar fuhren wir mit unserem alten Chevrolet bei dem winzigen Haus vor, das für uns gemietet worden war. Dort erwartete mich auch ein Scheck über fünfhundert Dollar – die ganze finanzielle Unterstützung, die mir meine Kirche geben konnte.

Gleich nachdem wir ausgepackt hatten, machte ich mich auf den Weg, die Leute zu suchen, die zu unserer Kirche gehörten. Ich fand nur zwei Familien. Wie sollte es unter diesen Umständen möglich sein, eine starke Gemeinde aufzubauen? Die Methodisten, die Presbyterianer, die Episkopalisten, die Baptisten, die Lutheraner – alle besuchten sie ihre Kirche. Wer würde denn zu uns kommen? Wie konnte ich da mein Ziel erreichen?

Nun wusste ich aber, dass gut die Hälfte der Bevölkerung der Vereinigten Staaten zu keiner Kirche gehörte. Hier war die Antwort auf meine Frage. Die Tausende von Menschen, die nicht zur Kirche gingen – da lag unsere Chance. Diese Menschen mussten wir interessieren und gewinnen.

Drei Tage nach unserer Ankunft traf die Orgel ein. Ich überschlug meine Aktiven: eine Frau, eine verpfändete Orgel und fünfhundert Dollar, über die ich nach Belieben verfügen durfte.

Jetzt musste ich nur noch einen Saal finden. Bekannte hatten versprochen, mir bei der Suche behilflich zu sein. Sie riefen mich an: «Es tut uns leid, Robert, aber wir konnten nirgends etwas finden. Absolut nichts.» *Nichts* – was für ein hässliches, unmögliches Wort! Ich weigerte mich, es anzunehmen. An meinem vierten Tag in Kalifornien begann ich einen Ort zu suchen, wo ich predigen konnte. Irgendeine Möglichkeit musste es geben!

Ich erstellte eine Liste aller Lokale, die allenfalls in Frage kommen konnten. Zuerst setzte ich mich mit dem Schulamt in Verbindung, wo man mir jedoch erklärte, dass die kalifornischen Gesetze die Benutzung von Schulhäusern für religiöse Zwecke nicht gestatten. Diese Möglichkeit fiel also aus.

Ich wusste, dass die Adventisten ihren Gottesdienst jeweils am Samstag abhalten. Ihre Versammlungsräume standen daher am Sonntag leer.

Aber ich war zu spät; die Presbyterianer verrichteten dort bereits ihre Andacht. Auch die zweite Möglichkeit fiel aus.

Dann die Abdankungshalle des Friedhofs. Die Baptisten waren mir zuvorgekommen; auch damit war es also nichts.

Auch die vierte Möglichkeit, das Versammlungslokal einer Freimaurer-Loge, war bereits vergeben.

Ich kam zur fünften Möglichkeit auf meiner Liste. Meine Frau und ich hatten auf unserer Hochzeitsreise einem Gottesdienst in einem Freilufttheater beigewohnt. Ein Freilufttheater fand ich zwar nicht, aber fünf Kilometer von unserem Heim entfernt das Orange Drive-in-Kino. Der Geschäftsführer hörte sich meinen Vorschlag erstaunt, aber durchaus höflich und gelassen an. Eine Woche später telefonierte er mir: «Am Sonntagvormittag können Sie jeweils über mein Kino verfügen.»

Ich spürte instinktiv, dass das der Beginn von etwas Neuem, etwas Erregendem war. Unverzüglich liess ich, wie das in Amerika Brauch ist, die erste Anzeige erscheinen. Sie lautete, nicht gerade bescheiden: «In drei Wochen beginnen die Gottesdienste der aufrüttelndsten Kirche von Orange County. Kommen Sie in Ihrem Wagen – nehmen Sie Ihre Familie mit! Sonntag, 27. März 1955, 11.00 Uhr: erster Gottesdienst im Orange Drive-in-Kino.»

Die kritischen Stimmen anderer Geistlicher liessen nicht lange auf sich warten. «Was, eine Drive-in-Kirche? So etwas habe ich noch nie gehört.» Ich wurde bemitleidet, und ich wurde angegriffen, als bekannt wurde, dass ich vom Wellblechdach der Snackbar eines Drive-in-Kinos aus predigen wollte. «Welch unwürdige Art, Gottesdienst zu halten», hiess es allgemein.

Acht Tage vor dem angekündigten ersten Gottesdienst erhielt ich den zermürbenden Besuch eines Freundes, der ebenfalls Pfarrer war und derselben Kirche angehörte wie ich. Er war der waschechteste negativ denkende Mensch, der mir je begegnet ist.

«Was habe ich da gehört, Robert? Du hast doch nicht wirklich im Sinn, deine Gottesdienste in einem Drive-in-Kino abzuhalten?» fragte er empört. Und mit strafendem Blick fügte er hinzu: «Das ist doch eine Stätte des Lasters.» Ich erinnerte ihn daran, dass Paulus seinerzeit auf einem dem Gott Mars geweihten Hügel gepredigt hatte, und das war ja auch nicht gerade ein heiliger Ort gewesen. Doch er liess sich nicht bewegen. Zwei Stunden lang versuchte er, mich von meinem Vorhaben abzubringen. Es war ein unbezahlbarer Anschauungsunterricht in negativem Denken. Er warnte mich, es könne unmöglich gut gehen, und er wandte seine ganze Vorstellungskraft auf, um mir klarzumachen, warum mein Entschluss falsch sei.

Nachdem mein Freund gegangen war, spürte ich, dass er mich angesteckt hatte. Negatives Denken ist ungemein ansteckend.

In jener Nacht wälzte ich mich unruhig in meinem Bett. Mein Besucher hatte meine Zuversicht erschüttert. Doch was konnte ich tun? Die Ankündigungen waren erschienen; auch hatte ich schon fast die ganzen fünfhundert Dollar ausgegeben: zweihundert für die Anzeigen; fünfundzwanzig für einen gebrauchten Anhänger, um die Orgel jeweils zum Kino und wieder nach Hause zu transportieren; siebzig für ein Mikrofon; hundert für Holz, aus dem ich eine Kanzel, einen kleinen Altar und ein acht Meter hohes Kreuz, das ich auf dem Dach des Kinos aufrichten wollte, gezimmert hatte. Mutlosigkeit ergriff mich. Es war drei Uhr, als ich endlich einschlief.

Am andern Morgen, es war ein Sonntag, sagte ich zu meiner Frau beim Frühstück: «Komm, wir gehen nach Hollywood in die Presbyterianer Kirche; Ray Lindquist predigt.» Unterwegs fragten wir uns, wie viele Kirchgänger wohl am nächsten Sonntag in unsere Drive-in-Kirche kommen würden.

Aus dem Kirchenzettel ersahen wir, dass Pfarrer Lindquist über «Gottes Rezept zur Stärkung deines Selbstvertrauens» predigen würde. Gut so! Ich konnte eine Stärkung meines Selbstvertrauens wahrhaft gebrauchen. Pfarrer Lindquist begann mit einem Bibelwort, das seither mein Leitspruch geworden ist: «Ich vertraue darauf, dass Gott, der in euch ein gutes Werk angefangen hat, es auch vollenden wird.» (Philipper 1; 6.) Er versicherte seinen Zuhörern: «Gott hat euch das Leben gegeben, Gott hat euch bis heute geführt, und ihr könnt getrost sein, dass Er euch nicht verlassen wird.»

«Gott wird euch nie verlassen. Ihr mögt vielleicht Ihn verlassen, aber Er verlässt euch nie.» Wie gut taten diese Worte meinem Geist! Sie befreiten mich von meiner Angst und meinen Zweifeln. Ich wurde wieder ein positiv denkender Mensch. Ich glaubte wieder an die Möglichkeit, in Orange County etwas Grosses zu vollbringen.

Die ganze nächste Woche war ich unablässig damit beschäftigt, meinen Sonntags-Gottesdienst vorzubereiten. Am Samstag abend ging ich in die Garage. Beinahe zärtlich fuhr ich mit der Hand über das glänzende Mahagoniholz unserer Orgel. Ich hatte sie bereits auf dem Anhänger festgebunden. Auf dem Rücksitz des Wagens lagen Bibel, Mikrofon, Kollektenteller, Regenmantel und Schirm. Zum Schluss prüfte ich noch die Luft in den Reifen.

«Wie viele Leute werden wohl kommen?» fragte meine Frau, als ich ins Haus zurückkehrte.

«Nun, da kommt einmal der Chor aus Los Angeles. Ich weiss übrigens gar nicht, wie ich dieser Gemeinde danken soll, dass sie ihn uns einen Tag zur Verfügung stellt. Der Chor hat dreis-

23

sig Mitglieder, und ich habe sie gebeten, in so vielen Wagen wie möglich zu kommen, damit es nicht so schrecklich leer aussieht.»

Wir mussten beide lachen. «Na, und dann werden bestimmt noch zehn oder zwanzig weitere Wagen kommen», schätzte ich.

«Worüber predigst du eigentlich?» fragte meine Frau weiter, und ich gab ihr zur Antwort: «Wenn ihr Glauben habt wie ein Senfkorn, werdet ihr zu diesem Berge sprechen: Hebe dich weg von hier dorthin! und er wird sich hinwegheben, und nichts wird euch unmöglich sein.»

In dieser Nacht wachte ich einmal auf, und ich dachte an das Wort: «Der ein gutes Werk angefangen hat, wird es vollenden.» Dann fiel ich wieder in einen gesunden, ruhigen Schlaf.

Am nächsten Nachmittag sassen wir am Küchentisch und zählten die erste Kollekte. «Ungefähr fünfzig Wagen. Das bedeutet, dass etwa zwanzig Familien von irgendwo gekommen sind. Einige werden bestimmt wieder kommen. Gott sei Dank hat es nicht geregnet. In zwei Wochen ist Ostern. Es geht voran, Liebling!» Meine Begeisterung wuchs noch, als wir die Kollekte fertig gezählt hatten – 83,75 Dollar, ein grosser Erfolg!

Mein negativ denkender Pfarrer-Freund war allerdings anderer Meinung. Er rief am nächsten Morgen an, um sich zu erkundigen, wie es gegangen sei. Ich sagte ihm: «Über hundert Personen, alles in allem.» (Dass ich dabei den Chor

mitgezählt hatte, erwähnte ich allerdings nicht.)
«Ist das alles?» lamentierte er. Und mit herablassendem Mitleid setzte er hinzu: «Nun, mehr kann man in einem Drive-in-Kino wohl nicht erwarten.» – «Aber das sind doch hundert Menschen mehr als letzte Woche», protestierte ich; und herausfordernd fragte ich ihn: «Wieviel Besucher hast du denn gestern mehr gehabt als letzte Woche?» Er gab zu, dass bei ihm der Besuch «aus einem unerklärlichen Grund» etwas zurückgegangen sei. Ich legte den Hörer auf und setzte mich an meine Schreibmaschine, um eine kurze Mitteilung für die Presse zu tippen: «Kaliforniens erste Drive-in-Kirche hielt gestern ihren ersten Gottesdienst ab. Mehr als fünfzig Wagen haben daran teilgenommen.»
Wir waren auf dem rechten Weg. Wir fühlten es. Wir wussten es. Und auch die Leute, die dabeigewesen waren, wussten es.
Alles ging sehr rasch in den nächsten paar Monaten. Mit Geld, das uns unsere Kirchenverwaltung lieh, kauften wir achttausend Quadratmeter Land. Darauf hofften wir einmal unsere Kirche erstellen zu können.
Ich hörte von einem ausgezeichneten Architekten in Long Beach und suchte ihn auf. «Ich bin achtundzwanzig Jahre alt», begann ich, «und habe keinerlei Geld. Wollen Sie trotzdem die Aufgabe übernehmen, eine kleine Kirche zu entwerfen und zu planen?» Richard Shelley, so hiess der Archi-

tekt, willigte ein, obwohl er wusste, dass mein Gehalt nur dreihundert Dollar im Monat betrug. Ich unterschrieb einen Vertrag, mit dem ich mich zu einer Honorarzahlung von viertausend Dollar verpflichtete. Als Shelley seine erste Rechnung über tausend Dollar sandte, sammelten wir in der Gemeinde. Und als die endgültigen Pläne vorlagen, führten wir nochmals eine Sammlung durch. Sie ergab die benötigten dreitausend Dollar.

Nun nahmen wir bei einer Bank Geld auf, um die Kirche zu bauen. Sechs Monate später, anderthalb Jahre nachdem ich im Freien zu predigen begonnen hatte, war sie fertig. Es war ein erregender Augenblick, als die Gemeinde – sie zählte nun bereits zweihundert Glieder – zum erstenmal in ihrem eigenen Gotteshaus versammelt war.

Zu jener Zeit etwa lernte ich Rosie Gray kennen. Es begann mit einem Telefonanruf. «Sie kennen mich nicht, Herr Pfarrer, mein Name ist Warren Gray. Meine Frau und ich besuchen regelmässig Ihren Gottesdienst, seit jenem ersten Sonntag im Drive-in-Kino. Wir wohnen fünfundzwanzig Kilometer von Ihnen entfernt. Ich weiss, es ist eine Strecke, aber könnten Sie nicht zu uns kommen?»

Er erwartete mich am Gartentor. Er zog seinen alten Filzhut, gab mir die Hand und sagte: «Bevor Sie meine Frau kennenlernen, muss ich Ihnen sagen, dass sie nicht mehr gehen und nicht mehr sprechen kann. Wissen Sie, sie erlitt vor ein paar Jahren einen Schlaganfall. Ihr Geist ist aber noch absolut klar. Nie lassen wir einen Ihrer Gottesdienste aus. Ich bin zwar alt, aber noch kräftig. Ich nehme meine Frau jeweils auf meine Arme und trage sie in den Wagen. Dann fahren wir los und hören uns Ihre Predigt an. Jedesmal kehren wir mit neuer Zuversicht zurück. Wir möchten gerne Ihrer Gemeinde beitreten.»

Ich folgte Warren Gray ins Haus. Seine Frau sass in einem Lehnstuhl. Ihr Kinn war heruntergesunken, ihr Mund stand offen; sie wirkte wie betäubt und benommen. Ein schwaches Lächeln überzog ihr Gesicht.

«Sie möchten unserer Gemeinde beitreten?» fragte ich sie.

Ihre Lippen bewegten sich leicht, ihre Augen begegneten den meinen, und langsam glitten Tränen über ihre Wangen. Sie versuchte mit ihren gelähmten Lippen zu sprechen, aber der Versuch endete in einem undeutlichen Gemurmel. Doch der Glanz auf ihrem Gesicht machte mir klar, was sie hatte sagen wollen.

Als wir in der kommenden Woche im Gemeindevorstand zusammensassen und die Eröffnungsfeier für unsere schöne, neue Kirche besprachen, fragte jemand: «Und was machen wir mit Rosie Gray?» Manches wurde vorgeschlagen, unter anderem auch, Rosie könne sich ja Predigten am Radio und am Fernsehen anhören.

«Könnten wir den Gottesdienst in der Kirche nicht von halb zehn bis halb elf Uhr abhalten, und anschliessend könnte Pfarrer Schuller von elf bis zwölf für Rosie nochmals im Drive-in-Kino predigen? Vielleicht gibt es noch andere leidende Menschen, die gerne im Wagen bleiben würden.» Ich weiss nicht mehr, wer diesen Vorschlag gemacht hat. Aber das war die Lösung.

Achtzehn Monate nachdem ich nach Kalifornien gekommen war, um eine neue Gemeinde zu gründen, betreute ich nun schon zwei Gemeinden. Jeden Sonntag predigte ich von halb zehn bis halb elf Uhr zu zweihundert Personen in der Kirche. Dann fuhr ich mit dem Wagen und dem Anhänger mit der Orgel zum Drive-in-Kino, wo wieder etwa zweihundert Personen zum Elf-Uhr-Gottesdienst versammelt waren.

Drei Jahre lang ging das so; dann begann ein Traum in meiner Vorstellung Gestalt anzunehmen. Warum nicht die normale Kirche und die Drive-in-Kirche miteinander verbinden? Schliesslich hatte Pfarrer Hamilton, als seine Kirche in Florida zu klein wurde, ja auch Lautsprecher auf den Parkplätzen vor der Kirche anbringen lassen. Mir schwebte eine grosse Kirche vor, wo man nicht nur innerhalb, sondern auch ausserhalb des Gebäudes am Gottesdienst teilnehmen konnte, wo die Kirchgänger auch im Wagen die Andacht verrichten konnten. Wie viele gab es doch, die nicht mehr gehen konnten; andere hatten kleine

Kinder, die sie nicht allein zu Hause lassen konnten; andere hatten seelische Probleme und wollten deshalb lieber für sich sein, als Bekannte zu treffen und sich mit ihnen zu unterhalten; und wieder andere kamen geradewegs von einer schmutzigen Arbeit und hatten vor dem Gottesdienst keine Zeit mehr sich umzuziehen. Welche Erleichterung musste es all diesen Menschen bedeuten, während des Gottesdienstes im Wagen bleiben zu können. Vielleicht würden sie sonst überhaupt nie zur Kirche gehen.

Mein Traum begann in meinem Geiste klare Formen anzunehmen. Ich sah ein Gotteshaus vor mir mit Glaswänden, ich sah Kirchenglocken, die in einem offenen Turm hingen, blühende, mit Springbrunnen belebte Gartenanlagen, alles inmitten eines mit schattenspendenden Bäumen bestandenen grossen Grundstückes.

Es drängte mich, meinen Traum mit jemandem zu teilen, aber ich getraute mich nicht, bis ich eines Tages auf einem Kalenderzettel den Spruch las: *Lieber will ich etwas Grosses wagen und dabei scheitern, als nichts wagen und Erfolg haben.*

Nun begann ich mit Menschen, von denen ich wusste, dass sie eine positive Grundhaltung hatten, über meinen Plan zu sprechen. Auch mit Architekten unterhielt ich mich darüber. Alle diese Gespräche bestärkten mich in meiner Überzeugung, dass meine Idee durchführbar war. Mit

Gottes Hilfe wollte ich sie zum Erfolg führen, und ich war entschlossen, meine ganze Kraft und meinen letzten Dollar daran zu geben.

Jetzt teilte ich meinen Traum mit der ganzen Gemeinde, und zwar in einer Predigt, die ich unter das Motto stellte: «Wie Träume wahr werden», wobei ich meinen Traum vom neuen Gotteshaus als Beispiel benutzte. «Vielleicht hätte auch Gott Gefallen an einer Kirche, wo man sowohl innerhalb als auch ausserhalb des Gebäudes am Gottesdienst teilnehmen kann. Vielleicht erwartet Gott von uns, dass wir etwas Neues schaffen, ein wirkliches Bedürfnis erfüllen, einen Ort des Friedens und wahrhafter Einkehr begründen.»

Positiv eingestellte Gemeindemitglieder schlugen unverzüglich vor, eine Versammlung einzuberufen, um meinen Plan zu diskutieren. Dieser Vorschlag war sicher richtig, denn kein vernünftiger Mensch kann etwas gegen eine Zusammenkunft haben, an der eine neue Idee besprochen werden soll. Die Versammlung fand statt, und wir legten gewissenhaft die Gründe dar, die für meinen Plan sprachen.

Grund Nummer eins: Unsere Gemeinde war in zwei Gruppen gespalten, die sich jeden Sonntag an zwei verschiedenen Orten zum Gottesdienst zusammenfanden.

Grund Nummer zwei: Der Drive-in-Gottesdienst entsprach einem wirklichen Bedürfnis; er war immer sehr gut besucht.

Grund Nummer drei: Es gab in unserer Gemeinde Leute, die nur einen Drive-in-Gottesdienst besuchen konnten.

Grund Nummer vier: Wir wussten nicht, wie lange wir das Drive-in-Kino noch würden benutzen können. Wir besassen keinen Mietvertrag, und man konnte uns von einem Tag auf den andern auf die Strasse stellen.

Grund Nummer fünf: Für mich als Pfarrer war es auf die Dauer ein unhaltbarer Zustand, zwei ständig wachsenden Gemeindegruppen an zwei verschiedenen Orten zu dienen.

Wir schlugen der Versammlung drei Lösungsmöglichkeiten vor:

1. Die beiden Gruppen in zwei voneinander unabhängige Gemeinden aufzuteilen.
2. Die Drive-in-Gottesdienste aufzugeben.
3. Den Beschluss zu fassen, das mir vorschwebende Gotteshaus zu errichten.

Während die Gemeinde hin und her diskutierte, machte sich einer der positiv Eingestellten, Dr. Wilfried Landrus, eine Notiz. Und als die Debatte langsam am Abflauen war, stand er auf und las vor, was er aufgeschrieben hatte: «Ich schlage vor, dass wir die beiden Gruppen unserer Gemeinde vereinigen und dass wir den Vorstand ermächtigen, das Projekt weiterzuverfolgen und zu prüfen, wo und wie wir ein geeignetes Grundstück kaufen können.» Nochmals gab es eine kurze Diskussion; dann wurde über seinen Vorschlag abgestimmt. Fünfundfünfzig stimmten Ja, sechsundvierzig Nein. Eine sehr knappe Mehrheit!

Die uneinigen Gemeindemitglieder gingen nach Hause, während ich noch in der Kapelle blieb und betete. Als ich mich anschickte, ebenfalls heimzugehen, fiel mein Blick auf den liegengebliebenen Zettel mit Dr. Landrus' Antrag. Ich steckte ihn in die Tasche. Ich spürte, dass er für mich und für andere ein wichtiges Dokument war.

Das stand am Beginn eines gewaltigen Vorhabens: eine Idee, eine Versammlung, ein angenommener Antrag.

Die Opposition regte sich unverzüglich; aber ich erhielt auch weitere Unterstützung. Ein Grundstückmakler rief mich an: «Wenn es Ihnen mit Ihrem Plan wirklich ernst ist, dann weiss ich für Sie ein Grundstück von vierzigtausend Quadratmetern für sechsundsechzigtausend Dollar. Neunzehntausend bar und vierhundert monatlich während fünfzehn Jahren. Wenn Sie tausend Dollar deponieren, gebe ich Ihnen ein Vorkaufsrecht für 120 Tage. Sollten Sie nach Ablauf dieser Frist den Restkaufpreis oder mindestens weitere achtzehntausend Dollar nicht bezahlen, dann verfallen diese tausend Dollar.» Ich gab der Gemeinde von diesem Angebot Kenntnis.

Da waren einmal die Vorsichtigen: *«Wir wollen*

*kein Risiko eingehen und tausend Dollar aufs Spiel setzen*. Ehe wir nicht die ganzen neunzehntausend Dollar beisammen haben, wollen wir nichts unternehmen», argumentierten sie.

Aber auch die andere Meinung wurde vertreten: «Wir wollen das Angebot unverzüglich annehmen. Auf der Bank haben wir elfhundert Dollar. Tausend zahlen wir an im Vertrauen darauf, dass wir die restlichen achtzehntausend in 120 Tagen zusammenbekommen. *Wir wollen nicht riskieren, diese Gelegenheit zu verpassen.* Wenn wir warten, bis wir die ganzen neunzehntausend beisammen haben, kann es zu spät sein.» Nach einer hitzigen und recht lautstarken Diskussion schwang diese Ansicht mit einem wiederum sehr knappen Mehr obenaus. Am nächsten Morgen wurden tausend Dollar von der Bank abgehoben und hinterlegt. Es blieben uns 119 Tage, um die restlichen achtzehntausend Dollar aufzubringen.

Der Kirchenrat beauftragte mich, den Kauf perfekt zu machen, sobald ich das Geld beisammen hätte. Dreieinhalb Monate gingen vorbei; zwölftausend Dollar waren beisammen. 115 Tage waren vorbei; ich verpfändete die Lebensversicherungspolice meiner Familie. Damit war meine letzte Quelle erschöpft, und doch waren erst fünfzehntausend Dollar beisammen.

Es war zwölf Uhr mittags am letzten Tag. In vier Stunden würde das Grundbuchamt seine Türen über das Wochenende schliessen. Immer noch fehlten mir dreitausend Dollar, und es sah ganz so aus, als sollte uns diese Gelegenheit davonschwimmen. Von einer Telefonkabine aus rief ich meine Frau an: «Liebling, es scheint, ich schaffe es nicht.» – «Ruf Mister Gray an», gab mir meine Frau zur Antwort. «Das kann ich doch nicht», erwiderte ich, denn vor zwei Wochen war Warren Gray mit unheilbarem Krebs aus dem Spital nach Hause entlassen worden. Aber meine Frau insistierte: «Ich spüre einfach, dass du Mister Gray anrufen musst.» Ich legte den Hörer auf und betete. Dann wählte ich Mr. Grays Nummer. Mir war elend zumute; am liebsten hätte ich geweint. Meine Lippen bebten, als sich am anderen Ende die Krankenschwester meldete, die Warren pflegte. Dann vernahm ich die schwache Stimme des Kranken selber. «Warren, ich habe eine gute Nachricht für Sie», begann ich. «Ich kann Ihnen die zweitausend Dollar zurückgeben, die Sie für den Landkauf gespendet haben. Das Vorkaufsrecht läuft heute ab, und ich habe es nicht geschafft.» – «Aber nein, Herr Pfarrer», protestierte er, «ich kann doch noch mehr geben. Ich treffe Sie in einer Stunde bei der Filiale der Bank of America an der North Main Street.» Völlig benommen machte ich mich auf den Weg. Warren wartete schon beim Bankschalter und drückte mir die fehlenden dreitausend Dollar in die Hand, wobei er sagte: «Es ist bestimmt Gottes Wille, dass Sie Ihren Plan ausführen; ausserdem braucht

Rosie die Drive-in-Kirche. Und wenn Rosie einmal nicht mehr da sein wird, werden andere sie nötig haben.» Dann setzte er sich in seinen Wagen und fuhr wieder nach Hause. Auf dem kürzesten Weg ging ich zum Grundbuchamt und zahlte – eine Stunde vor Ablauf der Frist – die achtzehntausend Dollar.

Wir hatten nun schon manche Hürde genommen, nicht zuletzt die beiden stürmischen Versammlungen, von denen ich erzählt habe. Ein Hindernis war noch zu überwinden: der Verkauf unserer drei Jahre alten Kirche. Auch dazu war die Zustimmung der Gemeinde nötig. Die Versammlung wurde einberufen, und verschiedene Gemeindemitglieder sprachen sich gegen «Schullers Plan» aus. Sie wurden von traditionsbewussten Leuten unterstützt, die sich energisch gegen den Drive-in-Teil des neuen Gotteshauses wehrten. Nach einer äusserst hitzigen Debatte wurde abgestimmt, ob der Kirchenrat ermächtigt werden sollte, die Kirche zu verkaufen. «Die Mehrheit ist dafür», verkündete der Vorsitzende, und im selben Augenblick erhoben sich fünf führende Gemeindemitglieder und verliessen den Saal.

Als ich am nächsten Morgen in mein Arbeitszimmer kam, lag auf meinem Schreibtisch unser Protokollbuch. Die Protokollführerin hatte demissioniert. Auch die Bücher der Gemeindekasse lagen dort; der Kassier legte sein Amt ebenfalls nieder. In einem Brief teilte mir der Vizepräsident mit, dass er gleichfalls zurücktrete. Mein Mut sank; drei meiner engsten Mitarbeiter hatten mich verlassen. Da läutete das Telefon. Es war meine Sekretärin: «Es tut mir aufrichtig leid. Sie wissen, ich habe Sie immer sehr geschätzt und ich habe sehr gerne bei Ihnen gearbeitet. Aber ich halte diese Spannungen einfach nicht mehr aus. Es tut mir wirklich sehr leid.» Sie legte auf, und nie zuvor hatte ich mich einsamer gefühlt.

Da kam mir ein Bibelvers in den Sinn, den ich schon als Knabe auswendig gelernt hatte: «Niemand, der seine Hand an den Pflug legt und zurückblickt, ist tauglich für das Reich Gottes.» Ich schrieb diese Worte nieder und legte sie unter die Glasplatte auf meinem Schreibtisch. Jeden Tag las ich sie wohl ein dutzendmal, und sie gaben mir Kraft und Zuversicht. Daneben heftete ich die Worte, die über dem Eingang zum Gymnasium standen, das ich seinerzeit besucht hatte: «Erfolgreiche Menschen geben nie auf – Menschen, die aufgeben, kommen nie zu Erfolg.»

Aber dennoch sah ich den Riss in unserer Gemeinde, und ich fürchtete, mein Plan könnte zu ihrer Spaltung führen. «Herr, was soll ich tun? Was erwartest du von mir?» betete ich. Und plötzlich sah ich klar und deutlich die Worte aus Matthäus 16; 18 vor mir: «... will ich *meine* Kirche bauen...» Bis jetzt hatte ich mich als Haupt meiner Gemeinde gefühlt. Hatte nicht ich sie ins Leben gerufen? Hatte nicht ich die ersten fünf, zehn, zwanzig Gemeindemitglieder persönlich gewonnen? Hatte nicht ich von meinem eigenen Geld die Anzahlung für die kleine Orgel geleistet und mich persönlich zu den Ratenzahlungen verpflichtet? Und war nicht ich Präsident der Gemeinde und Vorsitzender des Kirchenrates?

Doch jetzt wurde mir mit einem Male bewusst, dass es die Kirche Jesu Christi war und dass Er auch bereit war, die Verantwortung zu übernehmen. Vielleicht dramatisierte ich zu sehr, aber tatsächlich erhob ich mich, zeigte mit der ausgestreckten Hand auf den leeren Stuhl und sprach: «Herr, nimm Du diesen Platz ein. Ich war bis jetzt überzeugt, dass Du diese neue Kirche willst. Willst Du sie aber aus irgendeinem Grund nicht, dann werde ich Deinen Willen anerkennen. Bestimme Du, was geschehen soll.»

Ich verliess mein Arbeitszimmer und fuhr in die Ferien, voller Zuversicht, dass nun alles wohl in Gottes Hand sei.

Zehn Tage später setzte sich der Berg in Bewegung. Auf wunderbare Weise begannen sich die Probleme zu lösen.

Unsere alte Kirche konnte mit einem anständigen Gewinn verkauft werden. Die Pläne für das neue Gotteshaus wurden vorgelegt und fanden Zustimmung.

Zur Grundsteinlegung kamen über hundert Wagen. Farbige Bänder markierten die Umrisse des neuen Gotteshauses. Ich tat den ersten

Spatenstich. Nun gab es kein Zurück mehr. Und alles verdankten wir einer Frau, die weder gehen noch sprechen konnte.

Nur ein Wermutstropfen fiel in unsere Freude. Rosie Gray war zwei Tage vorher gestorben. Einen Tag nach der Grundsteinlegung wurde sie beerdigt.

Zwei Jahre später war es soweit. Wir hatten die Hunderttausende von Dollar, die nötig gewesen waren, zusammengebracht, obwohl uns Finanzleute prophezeit hatten, dass das unserer kleinen Gemeinde nie möglich sein würde. Das Grundstück war planiert worden. Fünfzehn Kilometer Drähte und fünfzehn Kilometer Röhren und Leitungen waren verlegt worden. Ein halber Kilometer Strasse war angelegt worden. Eine grosse Kirche aus Glas mit tausend Sitzplätzen und ein riesiger Parkplatz mit über hundert Lautsprechern, die den Gottesdienst den in ihren Wagen sitzenden Andächtigen übermittelten – alles war vollendet. Vier dreissig Meter hohe Glockentürme mit zwölf Glocken bildeten das weithin sichtbare Wahrzeichen. Zwölf Springbrunnen, die zwölf Apostel symbolisierend, belebten das Gelände. Das Werk war vollendet; würde es auch von Erfolg gekrönt sein?

An einem Sonntagmorgen, am 5. November 1961, flog Norman Vincent Peale von New York zu uns, um die erste Predigt in dieser Kirche zu halten, die mit keiner bisher erbauten Kirche verglichen werden konnte. Er bestieg die Kanzel und blickte über das Parkfeld, auf dem fünfhundert Wagen mit nahezu zweitausend Andächtigen standen, und er blickte über die mit mehr als tausend Andächtigen gefüllten Reihen im Innern der Kirche. Der Chor begann zu singen. Ich drückte auf einen Knopf, und geräuschlos wie Engelsflügel öffneten sich zwei zehn Meter hohe Glaswände links und rechts der Kanzel. Nun bildeten die Andächtigen innerhalb und ausserhalb der Kirche eine riesige Gemeinde. Es war wundervoll. Mehr als dreitausend Menschen waren zum Gottesdienst versammelt. Eine Handvoll positiv denkender Menschen hatte das möglich gemacht.

Heute halten in dieser Kirche fünf Pfarrer Woche für Woche Gottesdienste für über sechstausend Gläubige, und wir müssen uns bereits eingehend mit den Plänen zur Vergrösserung befassen.

Was beweist das? Dass es möglich ist, Ziele, die scheinbar unerreichbar, und Probleme, die scheinbar unlösbar sind, durch positives Denken zu erreichen und zu lösen. Und dass ein scheinbar hilfloser Mensch wie Rosie Gray von Gott als Werkzeug zu Grossem ausersehen werden kann. Es beweist, dass Gott sein Versprechen hält: «Der, welcher ein gutes Werk angefangen hat, wird es vollenden.»

Was bedeutet das für dich? Dass auch du deine Träume kannst wahr werden lassen!

Wenn du Vertrauen hast – nur soviel wie ein Senfkorn –, dann wird dir nichts unmöglich sein.

Was willst du erreichen; was schwebt dir vor? Eine Kirche? Wohl kaum. Ein Geschäft? Familie? Ein erfülltes Leben?

Alles liegt in deiner Macht!

*Der erste und wichtigste Schritt besteht darin, daran zu glauben, dass dir nichts unmöglich ist.*

# Acht sichere Schritte
# zu einer positiven Lebens-
# einstellung

Du weisst, es gibt zwei Gruppen von Menschen:
positiv denkende und negativ denkende. Zu welchen gehörst du?
Willst du es herausfinden, dann gib dir ehrlich
Antwort auf folgende Fragen:

1. Suche ich Gründe, warum etwas nicht möglich ist, anstatt Wege, wie etwas möglich ist?
2. Lasse ich mich bei meinen Entscheidungen
   manchmal von einem Gefühl der Furcht leiten?
3. Neige ich dazu, mich neuen Ideen zu wider-
   setzen und lieber alles so zu machen, wie ich
   es immer getan habe?
4. Unternehme ich nichts, ehe nicht alle Einzelheiten restlos abgeklärt sind?
5. Neige ich dazu, nichts zu unternehmen, für
   dessen Gelingen ich keine Garantien habe?
6. Setze ich Hindernisse, die sich mir entgegen-
   stellen könnten, in Rechnung, ohne die
   Unterstützung, die ich erwarten kann, ebenfalls in Rechnung zu setzen?
7. Verzichte ich manchmal darauf, eine Idee
   weiterzuverfolgen, nur weil sie mir aus irgend-

einem Grunde nicht gelegen kommt, weil ich mich bereits anders entschieden oder weil ich andere Pläne habe?

8. Neige ich dazu, mich ablehnend zu verhalten, bevor ich alle Tatsachen kenne?

9. Sehe ich zuerst die Nachteile einer neuen Idee, ehe ich ihre Vorteile sehe?

10. Treffe ich manchmal negative Entscheidungen, nur weil ich bequem oder müde bin und es so einfacher ist?

11. Lasse ich eine Idee fallen, wenn sich ein Problem stellt, für das ich nicht gleich eine Lösung finde?

12. Glaube ich, dass das Schicksal eines Menschen unabänderlich ist?

Hast du auf die Mehrzahl dieser Fragen mit Ja geantwortet? Dann ist die Gefahr gross, dass du ein negativ denkender Mensch bist. *Und dennoch kann aus dir ein positiv denkender Mensch werden, wenn du wirklich willst.*

*Selbstdisziplin erzeugt Kraft*

Können wir denn mit tief verwurzelten negativen Denkgewohnheiten brechen? Und ob! Dem Gehirn dauernd positive Gedanken zuführen, kann die Denkweise eines Menschen von Grund auf ändern.

*Aus einem negativ denkenden kann ein positiv denken-
der Mensch werden.*

Es wird nicht genügen, dieses Kapitel einfach einmal durchzulesen. Ich möchte dir vielmehr
empfehlen, diejenigen Abschnitte, die dir besonders wichtig scheinen, immer und immer wieder
zu lesen, am besten laut.

*Wenn du an diese acht Punkte glaubst, sie beherzigst
und befolgst, dann wird sich dein Leben ändern.*
Denn du wirst dein Denken ändern – und andere
Gedanken haben die Macht, alles zu ändern!

## 1. Befreie dich von der Vorstellung, du seiest benachteiligt

Entwickle ein gesundes Selbstvertrauen, dann bist
du auf dem rechten Weg. Der erste Schritt besteht
darin, dir klarzuwerden, dass du deinen Mitmenschen gegenüber in nichts benachteiligt bist.

*«Ich bin zu alt»*

Man ist nie zu alt, um eine positive Idee zu verwirklichen. Solange man nicht lockerlässt, ist man
nicht alt. Nur wenn wir an dem Punkt angelangt
sind, wo uns nichts mehr interessiert, dann –
und nur dann – sind wir alt. Wer noch über
Phantasie und Vorstellungsvermögen verfügt, ist

nicht alt. Immer wieder setzen Achtzigjährige die Welt in Erstaunen, indem sie Fähigkeiten entwickeln, die während acht Jahrzehnten in ihnen geschlummert haben.

*«Ich bin behindert»*

Die grösste Behinderung, die jemanden befallen kann, ist negatives Denken – und dagegen kämpfst du ja jetzt an. Meine Frau hat einen Vetter, Frank Vander Maaten. Mit achtzehn Jahren war er einer der besten Violinisten in Sioux City. Dann passierte etwas Entsetzliches. In der Schmiede seines Vaters fiel ihm ein glühendes Stück Eisen auf die linke Hand. Die vier zum Greifen der Saiten benötigten Finger wurden versengt; nur der Daumen blieb an seiner verstümmelten linken Hand. War er deswegen behindert? In seinem Denken bestimmt nicht! Kurzentschlossen lernte er um. Den Bogen hielt er mit der versehrten linken und die Saiten griff er mit der rechten Hand. Auch so wurde er einer der führenden Violinisten im Sioux City Symphonie-Orchester.

Ein blinder Mann sagte einmal: «Als ich mein Augenlicht verlor, dachte ich, nun wäre ich zu ewigem Unglücklichsein verdammt. Aber heute weiss ich, dass ich glücklicher bin als zuvor. Die meisten Gedanken, die mich unglücklich machten, wurden durch das ausgelöst, was ich sah.

Ich sah Neues und wurde unzufrieden mit dem, was ich hatte. Ich begegnete gut aussehenden Menschen und war mit meiner eigenen Erscheinung nicht mehr zufrieden. Vieles, das uns glücklich macht, erleben wir sowieso bei geschlossenen Augen. Schliessen wir nicht die Augen, wenn wir einen geliebten Menschen küssen? Schliessen wir nicht die Augen, wenn wir gute Musik hören? Schliessen wir nicht die Augen, wenn wir beten?» Niemand ist behindert, der sich nicht für behindert hält.

*«Ich habe weder Zeit, Geld noch Kraft, das zu tun, was ich gerne täte»*

Bist du so sicher? Lies die Kapitel dieses Buches über Zeit, Geld und Kraft!

*«Ich stamme aus zu bescheidenen Verhältnissen»*

Welch ein Unsinn! Herkunft oder Vergangenheit bilden nie ein Hindernis. Denke daran, dass jeder vermeintliche Nachteil durch die richtige, positive Einstellung in einen Vorteil verwandelt werden kann. Ein junger Mann stammte aus einer regelrechten Hinterwäldler-Umgebung. Wie leicht hätte er das Opfer eines Minderwertigkeitskomplexes werden können, als er in die Grossstadt kam. Aber sein offenes, natürliches, warmherziges Verhalten gereichte ihm nicht zum

Nachteil, sondern zum Vorteil. Ich denke an
T. E. Ford.

*«Ich komme aus einer zerrütteten Familie; meine Kind-
heit war grauenhaft»*

«Meine Eltern stritten ununterbrochen. Dann
liessen sie sich scheiden, und ich wurde hin und
her geschoben. Ich bin ein seelischer Krüppel für
den Rest meines Lebens.» Muss das so sein? Nur,
wenn du es nicht anders willst! Ich denke an das
Kind eines Strassenmädchens. Es wurde von seiner Mutter ausgesetzt und wuchs in einem Elends-
viertel auf – arm, von niemandem geliebt, ver-
stossen und verlassen. Was wurde aus diesem
Knaben? Er lernte Jesus Christus kennen und
wurde einer von Japans bedeutendsten Verkün-
dern und Schriftstellern des zwanzigsten Jahrhunderts – Kagawa.

*«Ich kenne nicht die richtigen Leute»*

Dann lerne sie eben kennen, wenn es dir nötig
erscheint! Erfolgreiche und bedeutende Menschen sind in der Regel auch bereit, anderen Menschen weiterzuhelfen, wenn diese gute Ideen
haben.
Alles, was du brauchst, ist der Mut, einen Brief
zu schreiben, ein Telefongespräch zu führen, und
schon stehst du mit Menschen in Verbindung, die

in der Regel nicht abgeneigt sind, neue Menschen und neue Überlegungen kennenzulernen, die ihr Leben bereichern. Wirklich grosse Menschen interessieren sich immer für schöpferische und konstruktive Ideen.

Zu der Zeit, als ich begann, meine Kirchgemeinde aufzubauen, war Norman Vincent Peale wohl der bekannteste Pfarrer auf der ganzen Welt. Ich schrieb ihm einen Brief, und zu meinem Erstaunen antwortete er mir umgehend. Seither verbindet mich mit ihm eine grossartige Freundschaft, und er hat mir schon oft und viel geholfen.

Als ich einen Architekten brauchte, dachte ich an Richard Neutra. Ich war überrascht, dass ich diesen berühmten Mann ohne weiteres mit einer Fernverbindung am Telefon erreichen konnte. Auch wir wurden ausgezeichnete Freunde.

Du kannst dir die Freundschaft fast jedes noch so grossen Menschen erringen, wenn du dein Herz in beide Hände nimmst und dich vertrauensvoll und überzeugend bei ihm einführst.

## «Ich bin nicht intelligent genug»

«Meine Intelligenz ist nicht besonders hoch.» Und dann? «Die intelligentesten Menschen sind nicht immer die erfolgreichsten. Der gewinnt im Leben, der überzeugt ist, gewinnen zu können», sagte mir einmal ein Mann, der es wissen muss. Das Ergebnis seiner Aufnahmeprüfung in die

Mittelschule war unterdurchschnittlich gewesen. Trotzdem wurde er, dank den Beziehungen seines Vaters, angenommen. Aber sein Selbstvertrauen war angeschlagen, und als Folge davon gab er sich auch nie wirklich Mühe. Er war überzeugt, ein schlechter Schüler zu sein, und so war er es natürlich auch. Er wurde das, was er in seiner Vorstellung war. Leider waren an der Aufnahmeprüfung nicht die Qualitäten gemessen worden, die schliesslich über Erfolg und Misserfolg entscheiden – Phantasie, Entschlossenheit, Ehrlichkeit, Verhandlungsgeschick usw. Hätte man diesen Schüler einem psychologischen Test unterzogen, der diese wesentlichen Eigenschaften berücksichtigt hätte, dann wäre er viel höher eingestuft worden. Er hätte über ein angemessenes Selbstbewusstsein verfügt, und seine Leistungen und damit seine Noten wären viel besser gewesen. Doch so konnten sich seine wirklichen Fähigkeiten in der abstrakten Schulwelt nicht entwickeln, sondern erst im harten praktischen Leben, wo er dank seinem unternehmerischen, schöpferischen Geist und seiner positiven Einstellung einer der erfolgreichsten Männer in seinem Beruf wurde.

## 2. Entwickle die Fähigkeit, positive Gedanken zu erkennen und festzuhalten

Ein einziger positiver Gedanke – mag er uns noch so unbedeutend erscheinen – ist, wenn wir ihn erkennen und sich entfalten lassen, mächtiger als viele negative zusammen. Wir dürfen die Kraft unserer Gedanken nicht an ihrer Grösse messen. Ein noch so unscheinbarer positiver Gedanke, dem wir helfen, sich zu entfalten, hat ungeahnte Lebenskraft. Ein positiver Gedanke, den wir hegen und nähren, wird unseren Geist in erstaunlich kurzer Zeit beherrschen und nicht mehr loslassen.

«Ich glaube nicht mehr an Gott; es gibt keinen Gott. Früher einmal glaubte ich an Gott. Aber heute, da mein Leben der Hölle gleicht, weiss ich, dass es keinen Gott gibt.» Die Frau, die mir das sagte, war sehr krank. Ich besuchte sie in einer Nervenheilanstalt, und auch nicht ein positiver Gedanke hatte Raum in ihrem verfinsterten Geist.

Als ich sie einige Zeit später wieder besuchte, war sie wie verwandelt. Was war geschehen? Ein junger Arzt machte seinen Gang durch die Abteilung und blieb zufällig bei der Frau stehen, um sich mit ihr zu unterhalten. Aber was er auch zu ihr sagte – keinerlei Reaktion kam von dieser verlorenen Seele. Endlich fragte er: «Wie heissen Sie?» Keine Antwort. «Mein Name ist Dr. Himmel», fuhr er fort. Langsam hob die Frau den Kopf. Mit leerem Blick starrte sie den weissgekleideten Mann an. Der wollte schon weitergehen, als sie ihn sachte am Ärmel zupfte. Er blieb stehen, und da stammelte sie: «Wie heissen Sie?»

Er lächelte und wiederholte: «Dr. Himmel.» Unsicheren Schrittes entfernte sie sich. Aber in ihrem Geist begann es zu arbeiten und setzte sich der Gedanke fest: «Dr. Himmel... Himmel... Wenn das der Himmel ist, kann hier nicht die Hölle sein; und wenn es einen Himmel gibt, dann gibt es auch einen Gott.» Obwohl dieser Gedankengang völlig irrational war, bedeutete er doch einen Hoffnungsschimmer.

Am folgenden Vormittag spazierte sie auf dem Korridor hin und her und wiederholte ohne Unterlass einen Bibelvers, den sie früher einmal oft gehört haben musste. Er stieg aus der Tiefe ihrer Erinnerung auf, und unbewusst sagte sie ihn immer wieder vor sich hin: «Dies ist der Tag, den der Herr gemacht hat; lasst uns frohlocken und seiner uns freuen!» Den ganzen Tag über wiederholte sie diesen Vers. Am folgenden Morgen fuhr sie damit fort – nun mit einem Lächeln –, wie ein Mensch, der aus einem tiefen, bösen Traum erwacht. «Dies ist der Tag, den der Herr gemacht hat; *ich* will frohlocken und fröhlich sein.» Die Heilkraft des Verses begann zu wirken. Sie hatte Dr. Himmel vergessen, aber der irrationale Gedanke blieb: «Es gibt einen Himmel, also gibt es auch einen Gott.» Ihre Genesung schritt voran. Sie begann auf die Behandlung anzusprechen. Als ich sie wieder sah, machte mich die Veränderung, die mit ihr vorgegangen war, zunächst sprachlos. Heute, drei Jahre später, ist sie vollständig geheilt und geht wieder ihrem ehemaligen Beruf als Lehrerin nach.

### 3. Beginne jeden Tag mit einem positiven Gedanken

Kleide nicht nur deinen Körper – kleide auch deinen Geist! Kein vernünftiger Mensch ginge ungenügend bekleidet unter die Leute. Kein vernünftiger Mensch geht unter die Leute ohne den Schild eines positiven Gedankens, der ihn vor den negativen Einflüssen schützt, die auf ihn eindringen. Mache dir ein Hobby daraus, «geistige Schilde» zu sammeln, die dich vor negativem Denken bewahren. Hier sind einige:
«Bei Gott ist kein Ding unmöglich» (Lukas 1; 37)
«Bei den Menschen ist es unmöglich, aber nicht bei Gott; denn bei Gott sind alle Dinge möglich» (Markus 10; 27)
«Bei den Menschen ist dies unmöglich, bei Gott aber sind alle Dinge möglich» (Matthäus 19; 26)
«Was unmöglich ist bei den Menschen, ist möglich bei Gott» (Lukas 18; 27)
«Alles ist möglich dem, der glaubt» (Markus 9; 23)
«Vater, alles ist dir möglich» (Markus 14; 36)
«Wenn ihr Glauben habt wie ein Senfkorn, werdet ihr zu diesem Berge sprechen: Hebe dich weg von hier dorthin! und er wird sich hinwegheben, und nichts wird euch unmöglich sein» (Matthäus 17; 20)

Unsere Familie frühstückt jeden Morgen gemeinsam. Bevor jedes seiner Arbeit nachgeht, nehmen
wir unsere tägliche «geistige Vitaminration» zu
uns. Sie besteht in einem kurzen Bibelvers –
kurz genug, um ihn gleich auswendig zu lernen, so
dass wir ihn den ganzen Tag über im Geiste vor
uns haben. Ich in meinem Arbeitszimmer, im
Stossverkehr, bei Besuchen; meine Frau bei ihrer
Hausarbeit, beim Einkaufen, beim Beantworten
von Telefonanrufen; meine Kinder in der Schule
und auf dem Spielplatz. Niemand ist fertig angezogen, der nicht auch seinen Geist mit einem
frischen, sauberen, gutsitzenden positiven Gedanken versehen hat.

## 4. Versorge deinen Geist ständig mit positiver Nahrung

Wenn du von deinem Geist wertvolle Gedanken
erhoffst, musst du ihn auch mit wertvollen
Gedanken nähren. Lerne, die richtige Wahl zu
treffen! Gibt mir diese Fernsehsendung, diese
Lektüre, dieses Gespräch wirklich etwas? Entwickle ich mich dadurch weiter, oder verflache
ich? Wird meine positive Einstellung gefördert,
oder entstehen negative Gefühle? Nähre ich meinen Geist mit einer Kost, die Schwung und Auf-
trieb erlahmen lässt oder Entschlossenheit und
Tatkraft fördert?

Höre nicht länger auf jene negativ denkenden Menschen, die dir sagen, wie falsch alles ist, was du machst, wie unausführbar deine Ideen und Pläne sind.

Übe dich ständig in positivem Denken. Lies Bücher, die es dich lehren – es gibt eine ganze Reihe hervorragender.

## 5. Unterziehe dich jede Woche einer «Tiefen-behandlung» in positivem Denken

Ein Freund von mir, der von Kopfschuppen ge-plagt wurde, sagte mir einmal: «Jeden Samstag-abend wasche ich mein Haar mit einem Mittel gegen Schuppen. Das hilft immer wieder für eine Woche.»

Genauso konsequent sollten wir uns jede Woche einer Behandlung gegen geistige Schuppen unter-ziehen. Überspringen wir einmal eine Woche, werden wir den Unterschied merken. Überspringen wir zwei Wochen, wird ihn unsere Umgebung merken!

Gott wusste, was er tat, als er gebot, jeden sieben-ten Tag zu ruhen. Die steigende Flut seelischer Probleme geht Hand in Hand mit der Missach-tung dieses Tages der Ruhe, der Entspannung und der geistigen Erneuerung. Unser geistiger Tank muss alle sieben Tage frisch aufgefüllt werden. Unlustgefühle sind immer ein Zeichen dafür, dass wir geistiger Einkehr bedürfen, genauso wie das

Stottern eines Motors ein Zeichen dafür ist, dass es ihm an Treibstoff mangelt.

## 6. Denke bewusst positiv

Bejahe das Wort: «Alles vermag ich durch den, der mich stark macht.» So liegt es auch in unserer Macht, uns selber in beinahe jede Geisteshaltung zu versetzen.

Wie oft haben wir uns nicht schon selber in Müdigkeit, Mutlosigkeit und Misserfolg hineingeredet? Sage dir mehrmals: «Ich bin müde», «Ich bin am Ende», «Ich bin erledigt» – mit der Zeit wirst du es tatsächlich glauben.

Wir können dieses Mittel aber auch in positivem Sinne anwenden. Die Wirkung ist genauso stark. Sage dir: «Heute werde ich glücklich sein. Was immer auch meinen Weg kreuzen mag, heute werde ich glücklich sein» oder «Ich bin glücklich; ich bin wirklich glücklich.» Diese Methode hat auch darum ihre Berechtigung, weil wir oft gar nicht erkennen, dass wir glücklich sind, da wir uns unbewusst vor etwas fürchten, das uns widerfahren könnte. Würden wir in einigen Jahren zurückblicken, dann würden wir feststellen, dass wir tatsächlich glücklich waren. Das Leben der französischen Schriftstellerin Colette wurde verfilmt, und jemand, der diesen Film sah, sagte zu ihr: «Sie scheinen ein sehr glückliches Kind gewesen zu sein.» Colette antwortete: «Ja, das war ich. Es ist bloss jammerschade, dass ich es damals nicht erkannte.»

Du bist glücklich. Aber vielleicht musst du es dir noch oft sagen, ehe du es erkennst. Du findest diese Methode lächerlich, ja unehrlich? Dein Sinn für Aufrichtigkeit sträubt sich dagegen? Lass dich trotzdem nicht davon abhalten! Rede dich hinein in Freude, Zuversicht, Glück und Erfolg!

«Es klappt! Ich kann es kaum glauben, aber es klappt wirklich. Die letzten vier Tage waren meine glücklichsten seit Jahren. Und wenn es ein paar Tage klappt, warum sollte es nicht das ganze Leben lang möglich sein?» Der Mann, der mir dies schrieb, war eine Woche vorher bei mir gewesen, entschlossen, seine Stelle, die er seit neunzehn Jahren innehatte, aufzugeben. Er klagte mir: «Ich hasse meine Arbeit. Ich ertrage sie nicht länger. Tatsächlich habe ich sie nie gemocht. In einem Jahr würde ich pensioniert, aber jeden Morgen graut mir davor, zur Arbeit gehen zu müssen. Ich kann sie nicht mehr ausstehen, ich hasse sie regelrecht.»

«Und warum hassen Sie sie?» fragte ich den Mann. Wir erstellten eine Liste der angenehmen und der unangenehmen Seiten seiner Tätigkeit. Dann sagte ich zu ihm: «Sie haben sich der Vorstellung überlassen, dass Sie Ihre Arbeit nicht mögen. Diese Vorstellung hat sich in Ihrem Denken festgesetzt, und nun haben Sie auch noch begonnen, sie auszusprechen. Es ist nur natürlich,

dass Sie auch glauben, was Sie sich selber eingeredet haben. Sie haben sich förmlich hypnotisiert.
Wenden Sie jetzt dieselbe Methode in positivem
Sinne an. Sprechen Sie mir nach: ‹Ich liebe meine
Arbeit.›» Er lachte mich aus: «Das ist doch
Unsinn. Ich kann das einfach nicht sagen. Das
kann ich nicht.» – «Doch, Sie können, wenn Sie
wollen!» Absichtlich hatte ich meine Stimme erhoben. So brachte ich ihn dazu, mir nachzuspre-
chen: «Ich liebe meine Arbeit.» Während einer
halben Stunde liess ich ihn nun positive Gedanken wiederholen, bis er sich daran gewöhnt hatte,
sich selber positiv sprechen zu hören. Eine Woche
später schrieb er mir: «Ich kam mir wirklich lächerlich vor, als ich damit begann. Aber es klappt.
Sogar die Einstellung meiner Familie hat sich geändert.»

«Ich glaube nicht an Gott. Ich liebe meinen Mann
nicht mehr. Ich nehme mir das Leben.» Die Frau
sass mir in meinem Arbeitszimmer gegenüber, als
sie diese unbedachten Worte hervorstiess. Offen-
sichtlich glaubte sie, was sie da sagte.

«Manchmal heiligt der Zweck die Mittel», versuchte ich sie zu beruhigen. «Versuchen Sie, sich
selber zu belügen! Das dünkt Sie vielleicht un-
moralisch, aber es ist es nicht. Sie lügen ja nicht
wirklich. Im Gegenteil, Sie offenbaren damit ein
Übermass an Vertrauen und Zuversicht. Sie bekennen, etwas zu besitzen, noch ehe es eingetrof-
fen ist. Das ist wahres Vertrauen. Tatsächlich ist

Ihr Glaube ja immer noch stärker, als Sie zugeben wollen, und tatsächlich lieben Sie Ihren Mann ja noch mehr, als Ihnen bewusst ist. Sprechen Sie mir nach, auch wenn Sie das Gefühl haben, dabei nicht aufrichtig zu sein: ‹Ich liebe meinen Mann; ich liebe das Leben; ich glaube an Gott.›» Immer wieder liess ich sie diesen Satz wiederholen. Dann gab ich ihr den Rat mit auf den Weg: «Reden Sie sich immer, wenn negative Gefühle Sie überkommen, das Gegenteil ein von dem, was Sie empfinden.» Das war vor vier Jahren. Seither hält sie sich vertrauensvoll an diesen Rat, und sie hat die Liebe zu ihrem Mann und die Freude am Leben wieder gefunden.

*Diese Methode wird auch dir helfen, wenn du sie konsequent anwendest.* Beginne damit, indem du die folgenden Sätze laut vor dich hin sprichst. Zugegeben, dies ist eine der unangenehmsten Aufgaben in diesem Buch. Du wirst dir wie ein Heuchler vorkommen, wie ein Aufschneider, ein Lügner. Trotzdem – sprich diese Sätze laut vor dich hin und wiederhole sie immer wieder:

*Ich bin zu Grossem fähig.*

*In mir schlummern grosse Möglichkeiten.*

*Ich besitze Fähigkeiten, die darauf warten, geweckt zu werden.*

*Bisher mangelte es mir an Selbstvertrauen.*

*Ich selbst war bis heute mein grösster Feind.*

*Ich bin ein Kind Gottes. Gott liebt mich.*

*Alles vermag ich durch den, der mich stark macht.*

Wichtig ist, an das, was du sagst, auch zu glauben. Sprich diese Sätze laut und immer wieder, bis du dich von der suggestiven Kraft negativen Denkens befreit hast.

### 7. Vertraue auf die Kraft des Gebetes

Erprobe das Gebet, das ein Freund von mir jeden Morgen spricht, sobald er erwacht: «Ich glaube, ich glaube, ich glaube. Ich kann, ich kann, ich kann.»

Die Kraft des Gebets verfehlt ihre Wirkung nie! Es gibt eine höhere Macht, die dein Innerstes durchdringen und deine Denkweise ändern kann. Bitte Gott, dir zu helfen, ein positiv denkender Mensch zu werden. Bitte ihn einmal darum und dann nie mehr. Du kannst sicher sein, dass deine Bitte gehört wurde. Höre daher auf zu bitten, aber höre nicht auf zu beten. Höre auf zu verlangen und beginne zu danken. Ständiges Bitten wäre ein Zeichen deines fehlenden Vertrauens in Seine Macht zu hören und zu helfen. Ständiges Bitten würde nur deine seelische Not vergrössern. Es würde dich schwächen, statt dich zu stärken. Ständiges Bitten, ständiges negatives Denken würde nur deine Angst und deine Sorge vergrössern. Jemand hat gesagt:

*Gott wägt deine Gebete; Er zählt sie nicht.*

Gott wird dir zur rechten Zeit richtig antworten. Sei darum in deinen Gebeten bejahend, nicht zweifelnd. Danke Ihm, dass Er dein Gebet erhört. Danke Ihm für alles, was Er für dich tut. Dein Gebet könnte lauten: «Herr, ich danke Dir, dass Du aus mir einen positiv denkenden Menschen machst. Ich weiss, dass mir nichts unmöglich ist, wenn ich daran glaube.» Das ist aufbauendes, zuversichtliches, von Sorgen befreiendes Beten. Dein Gebet soll dich stärken, nicht schwächen. Bejahendes Beten vermag Wunder zu wirken. Auch Christus hat gebetet: «Vater, alles ist dir möglich.» Und wenn ein Mensch um Erlösung von seiner negativen Denkweise bittet, wird Gott ihm beistehen.

## 8. Prüfe dich in jeder Beziehung

Beginne mit einer ärztlichen Untersuchung. Eines Morgens betrat ein prominentes Vorstandsmitglied einer Gemeinde in Chicago das Arbeitszimmer des Pfarrers und erklärte: «Ich glaube nicht mehr an Gott.» Der kluge Pfarrer blieb vollkommen ruhig. Es war ihm klar, dass eine solch radikale Gesinnungsänderung einen aussergewöhnlichen Grund haben musste. Seine vorsichtigen Fragen liessen ihn schliesslich vermuten, der Mann müsse körperlich krank sein. Mit einem befreundeten Arzt vereinbarte er eine Untersuchung, bei der sich eine Schilddrüsen-Erkrankung zeigte. Mit fortschreitender Genesung kehrte auch der verlorene Glaube zurück. Das ist weiter nicht erstaunlich, aber immerhin recht aufschlussreich. Jedermann sollte sich die alljährliche ärztliche Untersuchung zur Pflicht machen.

Negatives Denken kann seine Ursache genausogut in einer seelischen Erkrankung haben. Joshua Loth Liebmann erzählt in einem seiner Bücher die Geschichte eines hochbegabten Mannes, der behauptete, Atheist zu sein. Als dieser Mann noch ein Knabe war, wurde er jeweils in die Synagoge mitgenommen, wo man ihn lehrte, Gott sei sein himmlischer Vater. Nun war aber des Knaben wirklicher Vater ein ausgesprochener Tyrann, und darum wehrte sich der Knabe unbewusst gegen die Vorstellung eines weiteren «Vaters». Er wollte nicht noch einen Vater, denn Väter waren in seinen Augen Tyrannen, und darum lehnte er auch Gott ab. So entstand bei diesem Knaben bereits in zartem Alter eine Sperrung gegen Gott; er wollte nicht an Gott glauben. Als ihm dieser Sachverhalt bewusst wurde, erkannte der intelligente Mann, dass seine tief verwurzelte Ablehnung auf einer falschen Vorstellung beruhte. Er begann sich mit Gott zu befassen und wurde ein gläubiger Mann. Überprüfe auch deinen religiösen Standort. Wie gut, wie gesund ist deine Religion? Eine gesunde Religion stärkt die Selbstachtung des Menschen, und dein Selbstbildnis ist in hohem Masse mitbestimmend, ob du ein positiv oder ein negativ denkender Mensch wirst. Die jüdische Religion hat immer danach getrachtet, den Menschen das Gefühl für ihren eigenen Wert zu geben. Auch Jesus war vom alten jüdischen Glauben inspiriert, der lehrte, dass der Mensch das Ebenbild Gottes sei.

Gesundes Christentum befreit von Schuld, Angst und Sorge und von dem Gefühl der Demütigung. Es lehrt uns, dass wir Grund haben, stolz auf uns zu sein. «Ihr seid das Salz der Erde. Ihr seid das Licht der Welt . . .», sagt Christus seinen Jüngern. Und es heisst: «Denn alle, die vom Geiste Gottes getrieben werden, die sind Söhne Gottes.» Christus befreit von der Last der Schuld. Die ihm folgen, wissen, dass Gott ihr Vater ist und dass sie Seine Kinder sind. Das gibt ihnen Selbstvertrauen, und Selbstvertrauen ist eine unbedingte Voraussetzung für einen positiv denkenden Menschen. Bist du mit Gott, so ist Gott auch mit dir, und getrost kannst du sagen: «Ist Gott für mich, wer mag wider mich sein?»

Da gab es vor langer Zeit einige hartgesottene, ungehobelte Fischer. Sie begegneten einem Gefährten, der seine Hand auf ihre Schulter legte und sprach: «Folget mir nach, ich will euch zu Menschenfischern machen.» Das war der Moment ihrer Erleuchtung. Und wenn sie mutlos und voller Zweifel waren, sprach er zu ihnen: «Ihr seid das Salz der Erde . . . Ihr seid das Licht der Welt . . .» Dann wussten sie wieder, dass sie ausersehen waren. Dieser grosse Erleuchter war ein bedeutender Jude, der vor zweitausend Jahren gelebt hat – Jesus Christus. Welch positiv denkender Mensch! Halte dich an ihn. Empfange seinen Geist und lass ihn wirken. Lass Jesus Christus dein positives Selbstbildnis formen!

# Schöpferisches Denken weist den Weg zu neuen Möglichkeiten

Karl Sudekum konnte als Folge einer Kinderlähmung nur noch mit Hilfe einer eisernen Lunge atmen. Doch dann hat er gelernt, auch ohne sie zu atmen, obwohl alle seine Muskeln unterhalb des Adamsapfels gelähmt sind.

Die Kinderlähmung befiel ihn während seines Dienstes als Leutnant der amerikanischen Marine. Während sechs Jahren konnte er nur in einer eisernen Lunge atmen. Dann wurde er wütend – rechtschaffen wütend – und beschloss, etwas dagegen zu tun. Er erinnerte sich, wie er als kleiner Junge manchmal zum Spass wie ein Frosch geatmet hatte. Dieser Spass war damals bei ihm und seinen Spielkameraden sehr beliebt gewesen. Man schöpft mit der Zunge Luft und drückt diese dann die Luftröhre hinunter. Wenn man ausatmet, wirkt die Lunge wie ein sich entleerender Ballon.

«Die Wissenschaft hat noch keine Erklärung dafür», sagt Sudekum. «Der Pumpvorgang besteht aus zwei Perioden. Manche können es, manche nicht. Manche Leute können durch die Zähne pfeifen; ich habe das trotz allen Versuchen nie gelernt. So ist das.»

Sudekum beschloss Anwalt zu werden und begann sein Studium 1959 an der San Diego Universität. Seine Frau fuhr ihn täglich hin und rollte ihn in die Hörsäle. Er konnte keine Notizen machen, und ein Tonbandgerät wäre zu umständlich gewesen. Er hörte einfach zu und behielt soviel wie möglich im Gedächtnis.

Dann wurde er zuckerkrank. Kaum hatte man diese Krankheit unter Kontrolle, entdeckten die Ärzte ein Magengeschwür. Während eines Jahres litt er als Folge einer Arznei an hohem Fieber. Trotzdem bestand er alle Prüfungen.

Heute leitet er eine Anwaltspraxis. Zum Unterschreiben der Briefe und Dokumente muss er die Feder mit den Zähnen festhalten.

Wenn er vor Gericht lange redet, läuft sein Gesicht rot an. Doch das hat nichts zu bedeuten. Eine Erkältung wäre etwas anderes; die könnte tödlich sein. Was tut er dagegen?

«Ich erkälte mich eben nicht.»

Seine Atemtechnik kann er natürlich nur anwenden, wenn er wach ist. Zum Schlafen braucht er nach wie vor die eiserne Lunge. Würde er einschlafen oder ohnmächtig werden, ohne dass es jemand bemerkte, der ihn künstlich beatmen könnte, müsste er unweigerlich sterben. Was tut er dagegen?

«Ich gebe mir Mühe, sowenig wie möglich daran zu denken.»

Karl Sudekums Vorstellungskraft hat ihm geholfen, sich zeitweise von der eisernen Lunge frei zu machen und seinem Leben einen Sinn zu geben. Benutze auch du die dir gegebene Vorstellungskraft, um Mittel und Wege zu finden, Hindernisse zu überwinden!

*Benutze deine Vorstellungskraft, um dich in der Kunst der Menschenbehandlung zu vervollkommnen.*

Einfühlungsvermögen und Vorstellungskraft sind nötig, um auf dem vielschichtigen Gebiet der menschlichen Beziehung Erfolg zu haben. Beginne bei dir selbst. Mache dir ein Bild von dem liebenswürdigen, ausgeglichenen, heiteren Menschen, der du gerne sein möchtest. Halte dir dieses Bild stets vor Augen, und du kannst nicht umhin, ihm ähnlich zu werden. Leider gilt das auch im negativen Sinne. Wenn du deiner Vorstellungskraft erlaubst, dich unfrei und komplexbeladen zu sehen, wirst du auch entsprechend handeln und zudem in der Kunst der Menschenbehandlung jämmerlich versagen. Denke daran: Deine Vorstellungskraft besitzt die Macht, deine Persönlichkeit zu wandeln und zu erneuern.

*Benutze deine Vorstellungskraft, um neue Menschen kennenzulernen.*

Hast du Mühe, Menschen näherzukommen? Fällt es dir schwer, neue Freundschaften und Bekanntschaften zu schliessen? Dann benutze

deine Vorstellungskraft! Ich entdeckte diese Möglichkeit, als ich begann, meine Kirchgemeinde aufzubauen. Weil es noch keine Gemeindemitglieder gab, beschloss ich, von Tür zu Tür zu gehen und mit den Leuten von Angesicht zu Angesicht zu reden. Ich muss gestehen, dass ich regelrecht davor zitterte, an fremde Türen zu klopfen und mich mit völlig Unbekannten zu unterhalten. Jedesmal, wenn ich an einer Türe läutete, machte ich mich auf eine Abfuhr gefasst. Und meistens trifft das ein, was wir erwarten. Ängstlich ging ich auf die Haustüren zu, insgeheim hoffend, es möge niemand zu Hause sein. Mehr als einmal kehrte ich wieder um, ohne geläutet zu haben. Ich bekam es einfach mit der Angst zu tun. Dann benutzte ich meine Vorstellungskraft. Ich begann, mir auf der anderen Seite der Türe freundliche, liebenswürdige Menschen vorzustellen – Menschen, die sich freuten, den neuen Pfarrer kennenzulernen. Das half! Nun ging ich auf jedes Haus mit der festen Vorstellung zu: «Hinter dieser Türe ist jemand, der mich erwartet und der mein Freund werden wird.»
Wende diese Methode bei einem unzugänglichen Menschen an. Stelle ihn dir als liebenswürdigen Menschen vor, und fast immer wird er sich deiner Vorstellung gemäss benehmen.

*Benutze deine Vorstellungskraft, um die in dir schlummernden Fähigkeiten zu wecken.*

In seinem Buch «Das Herz eines Champions» erzählt Bob Richards die Geschichte des Olympiasiegers Charley Paddock, der auch ein guter Redner war und gerne zu jungen Leuten sprach. Einmal, als er zu Studenten der Technischen Hochschule von Cleveland sprach, rief er aus: «Wenn ihr an etwas stark genug glaubt, könnt ihr es auch erreichen!» Dann streckte er seine Arme aus und sagte: «Wer weiss, vielleicht sitzt jetzt gerade in diesem Hörsaal ein künftiger Olympiasieger.» Nach dem Vortrag wandte sich ein spindelbeiniger Negerjunge an ihn: «Mister Paddock, ich würde alles drum geben, einmal Olympiasieger zu werden.»

Das war der Moment der Erleuchtung für diesen Jungen. Das bedeutete den Wendepunkt in seinem Leben. 1936 ging dieser Junge an die Olympiade nach Berlin. Er gewann vier Goldmedaillen. Sein Name ist Jesse Owens. Als er aus Berlin zurückkam, fuhr man ihn unter dem Jubel der Menge durch die Strassen von Cleveland. Von Zeit zu Zeit hielt der Wagen an, und Jesse erteilte Autogramme. Ein magerer Negerjunge drängte sich vor und sagte: «Mister Owens, ich würde alles drum geben, einmal Olympiasieger zu werden.» Jesse gab dem Jungen – weil er nur aus Haut und Knochen bestand, nannte man ihn «Bones» – die Hand und sagte zu ihm: «Weisst du, mein Junge, das war auch mein sehnlichster Wunsch, als ich ungefähr so alt war wie du. Wenn du hart arbeitest, trainierst und nochmals trainierst und an dich selber glaubst, wirst du bestimmt auch einmal Olympiasieger werden.» Der Junge rannte schnurstracks nach Hause zu seiner Grossmutter und sprudelte, noch ganz ausser Atem, hervor: «Grossmama, ich werde Olympiasieger!» 1948 warten im Wembley-Stadion in London sechs Läufer auf den Start zum 100-Meter-Endlauf. Der Startschuss fällt. Der Läufer auf der Aussenbahn ist schneller als alle andern und gewinnt mit sicherem Vorsprung. Sein Name: Harrison «Bones» Dillard. Er stellte Jesse Owens Olympiarekord ein und errang mehrere Weltrekorde.

«Ist das, was sich da ereignet hat, ein einmaliger Zufall?» fragt Bob Richards in seinem Buch, und er gibt die Antwort gleich selber: «Keineswegs! Es wird immer junge Leute geben, deren Vorstellungskraft ihnen ihr Ziel näherbringt, die nicht ihre Spindelbeine und nicht ihren ausgemergelten Körper sehen, sondern ihr Ziel, Olympiasieger zu werden. Harte Arbeit und unermüdliche Ausdauer werden nötig sein, aber sie werden ihr Ziel erreichen.»

Gott hat uns eine herrliche Gabe mit ins Leben gegeben – die unerschöpfliche Vorstellungskraft, die uns hilft, unsere Träume zu verwirklichen. Wohl nirgends ist dies eindrücklicher festgehalten als in den Worten: «Was ist doch der Mensch, dass du seiner gedenkst? und des Menschen Kind, dass du dich seiner annimmst? Du machtest ihn wenig geringer als Engel, mit Ehre und Hoheit kröntest du ihn.» (Psalm 8; 5, 6.) Die menschliche Vorstellungskraft ist der beste Beweis dafür, dass wir nach dem Abbild Gottes geschaffen worden sind. Welche Vorstellungskraft hat Gott entfaltet. Sein unendlicher Geist ersann ein Universum, wie es grandioser nicht sein könnte. Und seine Vorstellungskraft teilt Er mit uns Menschen. Sie ist latent auch in deinem Geist – an dir liegt es, sie zu benutzen.

*Benutze deine Vorstellungskraft, um das zu werden, was du wirklich sein möchtest.*

Kürzlich vernahm ich die Geschichte von William E. Constable. Er war neun Jahre lang Arbeiter in einem Steinbruch in Indiana. Eines Tages erwachte in ihm der Wunsch, aus seinem Leben mehr zu machen. An jenem Abend kam er nach Hause und erklärte seiner Frau, er wolle Anwalt werden. Er arbeitete weiter acht Stunden im Tage im Steinbruch, doch daneben bereitete er sich in Abendkursen auf die Universität vor. Er bestand die Aufnahmeprüfung an die Universität von Indiana und begann mit seinem Studium. Aber immer noch ging er in den Steinbruch, denn er musste ja für seine Familie sorgen. 1966 erzielte er bei der Abschlussprüfung die beste Durchschnittsnote sämtlicher Prüflinge. Wie war das möglich? Wie konnte er einem harten Broterwerb nachgehen und sich trotzdem so glänzend auf sein Examen vorbereiten? Als man ihn danach fragte, gab er zur Antwort: «Man kann in dreissig Minuten eine ganze Menge Wissen verarbeiten, wenn man keine andere Wahl hat, sein Ziel zu erreichen. Die Tatsache, dass ich neun Jahre meines Lebens in einem Steinbruch zugebracht hatte, war für mich kein Grund gewesen, nicht ein guter Anwalt zu werden.»

Als meine Tochter vierzehn Jahre alt war, unterhielt ich mich zum erstenmal mit ihr über die Kraft positiven Denkens. Da sagte sie zu mir: «Das hört sich ja recht und gut an, aber ich vermag nicht ganz daran zu glauben. Nehmen wir einmal an, ich möchte lernen, Violine zu spielen. Aber nicht bloss mittelmässig. Ich möchte die beste Violinspielerin meiner Schule werden. Würde mir positives Denken dabei helfen?»

«Warum versuchst du es nicht?» entgegnete ich halb scherzend. Sie nahm die Herausforderung an und begann Violinunterricht zu nehmen. Sie übte verbissen, und schon nach verhältnismässig kurzer Zeit durfte sie im Schulorchester mitspielen. Beim Jahreswettbewerb der Schule war sie die zehntbeste Violinspielerin. Sie übte noch verbissener. Im Jahr darauf war sie im vierten Rang. Und wieder ein Jahr später war sie die beste Violinspielerin ihrer Schule. An jenem Abend sagte sie zu mir: «Papa, jetzt glaube ich an die Kraft positiven Denkens.»

Vorstellungskraft kann auch deine äussere Erscheinung ändern. Sieh dich mit leuchtenden Augen, mit einem strahlenden Gesicht, als einnehmenden Menschen. Halte dieses Bild in deinem Geist unverrückbar fest, und du wirst ihm mit der Zeit entsprechen. Siehst du dich hingegen als hässlichen, wenig anziehenden Menschen, dann werden deine Augen trüb werden, deine Gesichtsmuskeln werden erschlaffen, und du wirst tatsächlich eine nicht sehr erfreuliche Erscheinung abgeben.

Schönheit ist eine Frage der inneren Einstellung. Du bist so schön – oder so hässlich –, wie du zu sein glaubst. Sieh dich als liebenswürdigen, fröhlichen, geistsprühenden Menschen, und deine Vorstellungskraft wird – wenn du sie nicht erlahmen lässt – aus dir diesen Menschen machen. Durch die Kraft der Vorstellung trimmte ich zwanzig Kilo unansehnliches Fett von meinem Körper weg. Ich sah mich ständig so, wie ich werden wollte. Ja, ich machte mir meine Vorstellungskraft auch in negativem Sinne zunutze: Lockte mich zum Beispiel ein köstliches Stück Torte, sah ich mich gleich als verfetteten, trägen, undisziplinierten Menschen. Es ist erstaunlich, welchen Einfluss unsere Vorstellungskraft auf unsere Ernährung hat. Halte dir die äussere Erscheinung, die du erreichen möchtest, stets vor Augen und lasse deine Vorstellungskraft wirken!

Die Zusammenhänge sind nicht schwer zu erkennen. Wenn wir etwas wirklich wollen, dann begeistern wir uns auch dafür. Begeisterung weckt unser Streben, und Streben lässt uns das erreichen, was uns vorschwebt.

Welches ist die innere Kraft positiv denkender Menschen? Glaube. Und was ist Glaube? Vertrauen in die Allmacht Gottes. Diese Macht kann Wunder wirken, wenn du deiner dir von Gott geschenkten Vorstellungskraft freien Lauf lässt.

*Benutze deine Vorstellungskraft als Mittel zum Erfolg*

*1. Setze dir ein Ziel!* Positiv denkende Menschen wissen, dass ein klares Ziel Voraussetzung für jeden Erfolg ist. Auf den ersten Blick mögen manche Ziele unrealistisch erscheinen. Aber der positiv denkende Mensch weiss, dass nichts unmöglich ist, solange er sein Ziel nicht aufgibt. Es ist unbedingt nötig, ein Ziel zu haben!

«Aber Ziele erzeugen Spannungen und Sorge», sagte mir kürzlich ein Psychologe. «Die unsinnige Gewohnheit, immer einem Ziel nachzurennen, ist einer der Hauptgründe der vielen Beklemmungen und Verkrampfungen in unserer heutigen Zeit.» Die Einstellung dieses Psychologen Zielen gegenüber war eindeutig von Sigmund Freud beeinflusst. Freud sah im Vergnügungstrieb die grösste Triebkraft des Menschen. Nach seiner Lehre ist spannungslose Seelenruhe das Wichtigste im Leben. Anspannung und Unruhe waren für ihn die modernen Teufel, die uns daran hindern, glücklich zu sein. Also sind Ziele gefährlich, weil sie Spannungen erzeugen. Im Gegensatz dazu sagt der grosse Wiener Psychiater Viktor E. Frankl: «Ein Ziel zu haben ist die grösste Triebkraft im Leben eines Menschen.» Nach seiner Auffassung besteht der innigste Wunsch jedes Menschen in der Erreichung eines Zieles. «Nicht das Streben nach Vergnügen, wie Freud meint, sondern das Streben nach einem Ziel», sagt Frankl, «ist das dringendste Bedürfnis der menschlichen Seele. Ziele sind lebenswichtig; sie geben dem Leben erst einen Sinn.» Aber erzeugen sie denn nicht Spannungen? Mag sein! Aber gerade diese Spannungen können unter Umständen die für unser Leben entscheidende Triebkraft sein.

Ein Mensch, der ein Ziel verfolgt – auch wenn er sich dabei mit Spannungen, mit Sorge und Unruhe auseinandersetzen muss –, ist auf alle Fälle ein lebendiger Mensch. Ein Mensch hingegen, der kein Ziel hat, ist stumpf, ist ein lebender Leichnam.

Wir benötigen Ziele nicht nur als Triebkraft; sie sind geradezu unentbehrlich, um uns jung und lebendig zu erhalten.

*Kein Ziel zu haben ist schlimmer, als ein Ziel nicht zu erreichen!*

*2. Suche verschiedene Wege, wie du dein Ziel erreichen kannst!* Meiner Meinung nach sollten wir mindestens drei, eher mehr mögliche Wege sehen, ein Ziel zu erreichen, bevor wir den ersten Schritt tun. Zum Beispiel: Du möchtest fremde Länder kennenlernen? Welche Möglichkeiten hast du, dieses Ziel zu erreichen? Hier sind einige:

1. Suche dir eine Stelle im Ausland.
2. Leiste dir eine Auslandsreise und verzichte dafür auf etwas anderes.
3. Lege jeden Tag eine kleine Summe beiseite. Du wirst staunen, wie rasch sich das summiert. Als Student war mein sehnlichster Wunsch, das Heilige Land kennenzulernen, aber ich konnte mir die Reise nicht leisten. Als ich meine erste Stelle antrat, machte ich mir zur Gewohnheit, jeden Tag einen halben Dollar auf die Seite zu legen. Nach sechs Jahren besuchte ich das Heilige Land.
4. Organisiere eine Gesellschaftsreise und vereinbare mit dem Reisebüro, dass du gratis reisen darfst.

Welches auch immer dein Ziel sei, erstelle eine Liste der möglichen Wege, die zu ihm hin führen, ehe du es in Angriff nimmst.

*3. Verbanne die Furcht aus deinem Denken!* Lass dich nicht durch Furcht niederringen. Es ist auffallend, wie rasch die Furcht den Rückzug antritt, sobald ein Ziel in unserer Vorstellungskraft Gestalt annimmt. Niemand ist stets gänzlich frei von Furcht. Hast du dir aber einmal ein Ziel gesteckt, dann darfst du dich durch keinerlei Gefühle der Furcht wieder davon abbringen lassen.

Furcht kann sehr schnell wachsen. Und keine wächst so schnell wie die Furcht vor Misserfolg. Unsere Kirche wäre wohl nie gebaut worden, hätte ich nicht eines Tages jenen Kalenderspruch gelesen:

*Lieber will ich etwas Grosses wagen und dabei scheitern, als nichts wagen und Erfolg haben.*

Und James Russell Lowell sagte: «Nicht Misserfolg zu haben, sondern kein Ziel zu haben ist eine Schande.»

Fürchte dich vor nichts so sehr wie vor der Furcht selbst!

*4. Zögere nicht – beginne!* J.C. Penney sagte: «Der Anfang ist der schwierigste Teil jeder Aufgabe.» Das ist richtig. Du kannst aber dein Ziel nicht erreichen, wenn du dich nicht auf den Weg machst. Auch wenn es dir noch so unerreichbar erscheint: Zögere nicht – beginne!

Richard Neutra sagte mir einmal: «Alles, was ich in meinem Leben unternommen habe, schien mir zu Beginn undurchführbar zu sein.»

*5. Stecke dir immer noch höhere Ziele!* Professor Frankl sagte es so:

Der positiv denkende Mensch hält immer Ziele in Bereitschaft, die sein gegenwärtiges Ziel übersteigen. Er weiss, dass er nie «am Ziel» sein darf. Herausforderung und Erfolg sind Ebbe und Flut unseres Lebens. Ohne sie leben wir nicht, sondern vegetieren wir bloss. Der Mensch ist zu bedauern, der ein Ziel erreicht hat und kein neues, noch grösseres vor sich sieht oder sehen will.

Ich habe die Angst und Sorge, ein gestecktes Ziel könnte nicht erreicht werden, zur Genüge kennengelernt. Aber nie habe ich mich dabei so elend gefühlt wie an jenem Morgen, als ich mich endlich am Ziel sah. Meine grossen Träume waren verwirklicht. War ich glücklich? Gewiss – aber nicht lange. Man kann nicht im Glanz der Erfolge von gestern leben.

Meine schlimmste Zeit in der Garden Grove Gemeinde war nicht die erste Woche, als ich nirgends einen Ort fand, wo ich meine Gottesdienste abhalten konnte; es waren auch nicht die ersten sechs Monate, als ich von Tür zu Tür ging, um die Leute in meine Drive-in-Kirche zu bitten. Denn ich hatte Ziele – klar umrissene Ziele. Eines Tages würde es eine grosse, tausendköpfige Gemeinde geben; eines Tages würden sich zwei, drei weitere Pfarrer mit mir in die Seelsorge dieser Gemeinde teilen; eines Tages würden wir unsere Gottesdienste in einer prächtigen Kirche mit einer herrli-

chen Orgel abhalten. Das waren gewaltige Ziele
für einen Achtundzwanzigjährigen, der nur fünfhundert Dollar besass und dessen Gemeinde nur
eine Person aufwies, seine Frau.

Damals glaubte ich, diese Ziele würden mich mindestens zwanzig Jahre lang Tag und Nacht in
Atem halten. Zehn Jahre später, als ich nach einem
Ferienaufenthalt zurückkehrte, sah ich blühende
Blumen, ausladende Bäume, glitzernde Springbrunnen und die grosse Kirche aus Glas, die in
allen führenden Architektur-Zeitschriften abge-
bildet und besprochen wurde. Die drei anderen
Pfarrer der Gemeinde begrüssten mich und schil-
derten mir begeistert, wie herrlich alles sei, wie gut
alles gehe. Die Gemeinde umfasste nahezu zweitausend Personen. Alles war wunderbar. Es gab
keinerlei Probleme.

Ich ging in mein Arbeitszimmer. Zum ersten Male
fühlte ich einen Anflug von Depression, etwas,
das ich früher nie gekannt hatte. Keine Probleme,
keine Widerstände, keine Schwierigkeiten, die es
zu lösen gab. Alle meine Ziele waren erreicht. Ich
fühlte mich regelrecht verloren. Es war alles
andere als lustig, und ich brauchte eine ganze
Weile, bis ich mir klargemacht hatte, dass meine
Aufgabe noch nicht erfüllt war und dass noch viel
zu tun blieb.

Seither habe ich gelernt, stets neue, noch grössere
Ziele in Bereitschaft zu halten.

Einen Tag bevor mit dem Bau unserer Kirche begonnen wurde, parkierte ich meinen Wagen auf dem mit Orangenbäumen bestandenen Grundstück. Ich überliess mich meinen Gedanken, die mich bereits die neue Kirche, die Türme, Glocken und Springbrunnen sehen liessen. Plötzlich hörte ich das Knacken von Ästen. Ich blickte um mich, und durch das Fenster meines Wagens sah ich einen struppigen Mann auf mich zukommen. In der Hand hielt er einen Revolver. Er muss mir meine Angst angesehen haben, denn er senkte den Revolver und sagte lächelnd: «Ich jage bloss wilde Kaninchen.»

«Und, haben Sie Glück?» fragte ich.

«Leider nein. Ich habe noch nicht einmal ein Kaninchen gesehen.»

«Nun, gleich da drüben auf der anderen Seite habe ich eben sechs herumspringen sehen. Holen Sie doch eines von denen.»

«Ach, das ist unmöglich. Die würden mich bemerken, ehe ich nahe genug wäre.»

«Versuchen Sie es doch!»

«Ach nein, es hat wirklich keinen Sinn. Auch wenn sie mich nicht sähen, würden sie mich doch hören.» Dann begann er zu fachsimpeln. Des langen und breiten erklärte er mir, wie Kaninchen mit ihren Fussspitzen «hören» können. Auch wenn er noch so vorsichtig ginge, würden sie sein Kommen wahrnehmen. Die unglaubliche Fähigkeit dieses Mannes, im voraus mit Misserfolg zu rechnen, erstaunte mich. Er benutzte seine Vorstellungskraft gegen sich.

«Aber warum versuchen Sie nicht wenigstens, sehr leise, sehr langsam, sehr vorsichtig zu gehen und vielleicht doch nahe genug zu kommen?» insistierte ich.

Endlich begann er zu verstehen. «Nun, vielleicht versuche ich es einmal.» Ganz sachte entfernte er sich in Richtung auf die Kaninchen. Als er noch fünfzehn Meter von ihnen entfernt war, blieb er stehen, zielte und schoss. Alle sechs Kaninchen sprangen davon. Enttäuscht liess der Mann die Hand mit dem Revolver sinken. Doch plötzlich rannte er los in der Richtung, die die Kaninchen genommen hatten. Und einige Minuten später trat er wieder aus den Bäumen, ein Kaninchen an den Löffeln tragend. Voller Stolz winkte er mir zu. Ich selbst könnte nie ein Kaninchen töten, und vielleicht verabscheust du die Kaninchenjagd genauso wie ich. Aber worauf machst du Jagd? Stellung? Bildung? Erfülltes Leben? Was immer es sei – du wirst nur Erfolg haben, wenn du deine Vorstellungskraft positiv anwendest.

# Sechs Wege, wie man neue Möglichkeiten findet

Es ist erstaunlich, wie negativ denkende Menschen «einfach keine Möglichkeit haben» und wie positiv denkende Menschen stets mehr Möglichkeiten sehen, als sie gerade verfolgen können.

## 1. Blicke in die Zukunft – nicht in die Vergangenheit!

Lass dich von der Vergangenheit inspirieren, aber nicht gefangennehmen. «Alles, was wir tun, kann noch besser getan werden», sagte mir einmal ein im Aufspüren von Möglichkeiten sehr erfahrener Mann.

Kluge Geschäftsleute wissen, dass fast alles ständig verbessert werden kann: die Qualität, der Preis, die Verpackung, der Kundendienst, die Werbung und so fort. Überall liegen ungeahnte Möglichkeiten. Als wir beschlossen, unser neues Gotteshaus zu bauen, wandte ich mich an einen der grössten Architekten des zwanzigsten Jahrhunderts – Richard J. Neutra. Er, Louis Sullivan und Frank Lloyd Wright werden als die Väter der modernen Architektur bezeichnet. «Es soll das schönste Gebäude werden, das je erstellt wurde», forderte ich Richard Neutra heraus. Denn wir waren eine

Gruppe Menschen, die sich in den Kopf gesetzt hatten, etwas Schöneres und Zweckmässigeres zu schaffen, als je zuvor geschaffen worden war. Positiv denkende Menschen sind ja immer von der Vorstellung besessen, «dass das Beste erst noch getan werden muss».

Die Tage der grossen Möglichkeiten gehören nicht der Vergangenheit an!

Es gebe heutzutage keine wahrhaften Möglichkeiten mehr, ist eine der dümmsten und leider unausrottbarsten Vorstellungen, die es gibt. In Wahrheit standen der Menschheit zu keiner Zeit mehr Möglichkeiten offen als heute.

Kürzlich kam ein junger Student mit seinem Problem zu mir: «Ich bin fünfzig Jahre zu spät auf die Welt gekommen.»

«Wie meinen Sie das?» fragte ich ihn.

«Ach, ich habe das Gefühl, alles, was sich lohne, getan zu werden, sei bereits getan. Gegen jede Krankheit gibt es ein Mittel. Alle Gegenden der Erde sind erforscht. Das Automobil, das Flugzeug, sogar die Rakete ist bereits erfunden. Alle grossen Unternehmen sind gegründet; die mächtigsten Finanz-Imperien sind errichtet. Ich bin einfach zu spät auf die Welt gekommen.»

«Da bin ich gar nicht Ihrer Meinung», entgegnete ich. «Die grössten Dinge müssen erst noch vollbracht werden. Denken Sie zum Beispiel an die Menschen, die vor sechstausend Jahren gelebt haben. Sie lebten in jener kleinen bekannten

Welt, die aus Ägypten, Phönizien und Babylon bestand. Vielleicht dachte auch an jenem Punkt der Geschichte ein junger Mann in Mesopotamien: ‹Ich bin fünfzig Jahre zu spät geboren worden. Die Welt ist erforscht; nichts bleibt mehr zu tun. Hohe Berge im Norden, nichts als Wüste im Süden, endloses Wasser im Westen, wieder Berge im Osten.› Und andere haben vielleicht gesagt: ‹Ich bin zu spät. Sieh dir die Pyramiden an! Alles, was wert ist, erschaffen zu werden, ist schon vollbracht.›

Heute wissen wir, dass die Zivilisation damals kaum begonnen hatte. Jahrtausende später brachte Marco Polo phantastische Kunde von einem unbekannten, unerforschten Land, und er brachte Juwelen, Gewürze, Seiden mit, wie seine Mitmenschen sie nie zuvor gesehen hatten. Heute, 1966, bleibt uns noch der ganze unermessliche Weltraum zu erforschen. M 31 im Sternbild Andromeda ist eine Milchstrasse, die drei Millionen Lichtjahre von unserem Planeten entfernt ist. Wenn es uns gelänge, eine Rakete zu bauen, die so schnell wäre wie das Licht – dreihunderttausend Kilometer in der Sekunde –, würden künftige Raumfahrer drei Millionen Jahre benötigen, um nur den Rand dieser Milchstrasse zu erreichen. Die Menschheit steht erst am Anfang, das grenzenlose Universum zu erahnen.

Und wenn Ihnen das zu weit hergeholt ist, dann erwägen Sie etwas anderes: Unsere Ozeane bergen auf ihrem Grund unerschöpfliche Minen an wertvollen Mineralien. Historische Beweisstücke liegen seit Jahrtausenden unter dem heissen Sand des Mittleren Ostens. Überall warten unvorstellbare Schätze darauf, gehoben zu werden. Überall harren gewaltige Probleme der Lösung: Krankheiten, die wir noch nicht heilen können; unterdrückte Völker, denen wir zu ihrer Freiheit verhelfen müssen. Die Menschheit hat noch kaum zu leben begonnen. Sie sind in die packendste aller Zeiten hineingeboren worden. Heute stehen technische Errungenschaften und Hilfsmittel zur Verfügung wie nie zuvor. An Ihrer und kommenden Generationen liegt es, sie zu nutzen. Eine Fülle von Möglichkeiten liegt vor Ihnen. Das Grösste muss erst noch vollbracht werden!»

## 2. Suche auch dort nach Möglichkeiten, wo andere keine sehen!

Kürzlich hörte ich jemand sagen: «Vernünftige Leute würden das für unmöglich halten – aber gerade Unmögliches ereignet sich jeden Tag.»
Die Erfolge von heute sind das Unmögliche von gestern!
Eine Zeitung brachte einen Bericht über die berühmte Glaswarenfabrik Corning in New York. Darin wird geschildert, wie einer der Ingenieure ein zierliches Glasröhrchen zu Boden fallen lässt, ohne dass es irgendwelchen Schaden nimmt. Der

Ingenieur erklärt dazu: «1963 investierte unsere Gesellschaft fünfzehn Millionen Dollar in die Forschung. Das ist viel Geld. Aber wenn wir uns nicht ununterbrochen bemühten, das herzustellen, was man gestern noch für unmöglich hielt, müssten wir unsere Fabrik wohl eines Tages schliessen.»

Alles, was für unmöglich gehalten wird, birgt ungeahnte Möglichkeiten!

## 3. Hindernisse sind voller Möglichkeiten!

Was für andere ein Hemmschuh ist, ist für einen positiv denkenden Menschen oft genug ein Sprungbrett.

Erfahrene Kirchenmänner waren sich einig, dass der Beginn in einem Drive-in-Kino ein fast unüberwindliches Hindernis für eine neue Gemeinde bedeuten müsse. Ich war nicht dieser Ansicht. Ich sah darin im Gegenteil eine grossartige Möglichkeit. Ich stellte mir vor, dass viele Leute, die nie in eine herkömmliche Kirche gingen, von einer Drive-in-Kirche angezogen würden. Und da es weit und breit keine andere gab, konnte unsere Kirche dazu bestimmt sein, ein wirkliches Bedürfnis zu erfüllen. Und weil die Idee nicht alltäglich war, sprach man überall davon, und das wiederum wirkte sich auf den Besuch günstig aus.

Negativ eingestellte Leute sahen ein weiteres Hindernis in unserer noch sehr kleinen Gemeinde. Wenn ich heute zurückblicke, weiss ich, dass das, was andere als Hindernis ansahen, ein gewaltiger Vorteil war. Unsere kleine Gemeinde bewahrte uns davor, selbstzufrieden zu werden. Sie zwang uns dazu, schöpferisch nach neuen Möglichkeiten zu suchen, unseren Gottesdienst immer mehr Menschen näherzubringen. Hätten wir innert kurzem schon 100 oder 150 Gemeindeglieder gehabt, hätten wir uns vielleicht selbstgefällig zurückgelehnt und gesagt: «Wir haben es geschafft! Es ist erreicht!» Die Gefahren des Wohlstandes sind oft bedrohlicher als die Gefahren der Armut.

Unter den vielen positiv denkenden Menschen, die ich kenne, sind manche, die allen Grund hätten, negativ eingestellt zu sein!

Zum Beispiel Stanley Stein. Stanley Stein ist an Lepra erkrankt. Er darf das Krankenhaus in Carville nicht verlassen, bis die Krankheit völlig zum Stillstand gekommen ist. Als er auch noch erblindete, wäre er am liebsten gestorben. Da hatte er eines Tages die positive Eingebung: *«Welche Möglichkeiten sind mir noch geblieben?»*

Sein Geist war noch vollkommen in Ordnung; er würde ein Buch schreiben. In der Bibliothek des Krankenhauses besorgte er sich eine Anleitung zum Schreiben. Als er sich in sein Zimmer zurücktastete, begegnete ihm sein Arzt.

«Was haben Sie denn da in der Hand, Mister Stein?»

«Guten Morgen, Herr Doktor. Ein Buch.»

«Aber können Sie es denn lesen?»

«Ich werde bestimmt jemanden finden, der es mir vorliest.»

«Wie heisst der Titel?»

«Es ist eine Anleitung zum Schreiben.»

«Aber, Mister Stein, ist das nicht ein ausgefallenes Buch für einen blinden Mann?» bemerkte der Arzt nicht besonders taktvoll.

Der positiv denkende Stanley Stein hatte da seine eigene Ansicht. Jedes Hindernis birgt auch Möglichkeiten. Das wusste er. Er wollte seine Krankheit dazu benutzen, anderen Menschen seine Geschichte zu erzählen und ihnen dadurch helfen, mit ihren Schwierigkeiten leichter fertigzuwerden. Er würde sich ein Tonbandgerät besorgen und jemanden finden, der sein Diktat niederschrieb. Es lag ihm nichts daran, dies alles dem Arzt zu erzählen. Sein Entschluss war gefasst. Während Tausende in seiner Lage hoffnungslos dahinvegetieren, wollte er seinem Leben wieder einen Sinn geben.

Unbeirrt gab er daher dem Arzt zur Antwort: «Mein Geist hat nicht Schaden genommen, und ihn werde ich brauchen.» Und das tat er! Er begann zu schreiben und liess sich durch nichts und niemanden von seinem Ziel abbringen. Sein Buch wurde ein grosser Erfolg. Das Krankenhaus darf er auch heute noch nicht verlassen. Ständig sieht man ihn mit einem Transistor-Radio in der Tasche und einem über die Schulter gehängten Tonbandgerät herumgehen. Er diktiert, er hört Musik, ist in Verbindung mit der Aussenwelt. Er lebt ein erfülltes Leben. Sein Geheimnis? Er formuliert es so: «Anstatt dem nachzutrauern, was ich verloren habe, versuche ich aus dem, was mir geblieben ist, das Beste zu machen.»

### 4. Sieh dich nach Problemen um!

Sozusagen jedes Problem birgt Möglichkeiten. Nicht umsonst sagt man: «Wenn du dich über etwas lange genug geärgert hast, dann ist es Zeit, etwas Besseres zu erfinden.» Erfolg haben besteht darin, ein Bedürfnis zu erkennen und zu befriedigen. Und was ist ein Bedürfnis anderes als ein ungelöstes Problem? Sieh dich daher nach Problemen um! Oft gibt ein Problem den Anstoss zur Verwirklichung einer grossen Idee. Auch unser neues Gotteshaus wäre wohl nie gebaut worden, wenn nicht Probleme bestanden hätten, die es zu lösen galt.

Ein wahrhaft positiv denkender Mensch war auch Dr. Irwin Lubbers, der frühere Rektor des Central College in Pella im Staate Iowa. Das Jahr, in dem er sein Amt antrat, war das Jahr der grossen Dürre. Was der Trockenheit noch widerstand, vernichteten die rasenden Sand- und Staubstürme. Erbarmungslos knickten sie das Korn und den Weizen auf den Feldern der Farmer. Auch für das College schien die Lage hoffnungslos, und ein weniger zuversichtlicher Mann als Dr. Lubbers hätte wohl resigniert. Doch für ihn gab es keine unlösbaren Probleme. Ganz Amerika hatte von verheerenden Sandstürmen gehört, die Iowa heimgesucht hatten. Dr. Lubbers wandte sich an die Geschäftsleute und Industriellen im Osten des Landes: «Unsere Schule ist stets von den Farmern der Umgebung unterstützt worden. Nie mussten wir jemand anders um Hilfe bitten. Aus welchen Teilen des Landes die Söhne und Töchter auch zu uns kamen, stets haben die Farmer willig die Lasten unserer Schule getragen. Werdet ihr uns jetzt helfen?» Sein Aufruf blieb nicht ungehört. Aufgeschlossene Männer gründeten eine Stiftung, die noch heute, Jahrzehnte später, die Lasten der Schule tragen hilft.

## 5. Suche auch dort, wo andere nichts finden!

Es gibt nichts, was nicht noch zu irgend etwas nutze wäre.

Ein Sumpfgebiet in Südkalifornien war immer als wertloses Gelände angesehen worden, bis ein findiger Unternehmer das Gelände in einen zauberhaften See verwandelte, von dem aus sich, wie die Speichen eines Rades, ruhig fliessende Kanäle hinziehen. An den Ufern dieser Kanäle liess der

Mann wahre Traumvillen erstellen, jede mit einem eigenen Bootshafen. Seine Idee hat ihm Millionen eingebracht.

1907 wurde in der Nähe von Grand Rapids eine Gipsmine erschlossen. Das riesige Werk beschäftigte Hunderte von Arbeitern unter Tag, bis die Mine 1943 gänzlich ausgebeutet war. Die Anlage wurde aufgegeben. Ein schöpferischer Geist, Paul Kragt, sah hier seine Möglichkeit. Die Stollen unter Tag hatten eine ständige Temperatur von zehn Grad. Kragt verwandelte die leicht zugänglichen und gut beleuchteten Tunnels in Kühllager mit einer Temperatur von minus achtzehn Grad. Die alte Gipsmine ist heute die blühende Michigan Kühllager-Gesellschaft. Das Unternehmen ist in seiner Art einmalig und ausserordentlich einträglich. Truthähne, Äpfel, Eier, Nüsse, Kartoffeln, Fleisch sind nur ein Teil der unzähligen Nahrungsmittel, die heute hier gelagert werden.

### 6. Stürze dich nicht Hals über Kopf in eine neue Möglichkeit – prüfe sie zuerst sorgfältig!

Untersuche deine Idee gewissenhaft auf ihre Durchführbarkeit. Wäge die Erfolgsmöglichkeiten gut ab, ehe du dich an die Verwirklichung machst.

Positiv denken heisst nicht, sich unüberlegt auf jede positive Idee stürzen. Prüfe die Idee anhand entsprechender Fragen. Es gibt negativ-suggestive Fragen, und es gibt positiv-suggestive Fragen. Negativ denkende Menschen reagieren auf positive Ideen fast immer mit Fragen wie: «Was wird es kosten?» – «Liegt das wirklich auf unserer Linie?» – «Haben wir denn Zeit dafür?» – «Hat das nicht schon mal jemand ohne Erfolg versucht?» und so weiter.

Lange galt in unserem Kirchenrat eine Regel, dass niemand auf einen Vorschlag mit solch einer negativ-suggestiven Frage reagieren dürfe. Solche Fragen sind nichts anderes als Äusserungen negativ eingestellter Menschen.

Es gibt jedoch vier Fragen, die uns helfen, die Erfolgsaussichten einer Idee zu messen und zu beurteilen. Diese vier Fragen sollten von Leuten, die etwas von der Sache verstehen, mit Ja beantwortet werden können, damit es einen Sinn hat, eine Idee weiterzuverfolgen.

*1. Entspricht die Dienstleistung oder das Produkt einem wirklichen Bedürfnis?*

Man kann nicht oft genug wiederholen:

*Das Geheimnis des Erfolges besteht darin, ein Bedürfnis zu erkennen und es zu befriedigen.*

Eine Dienstleistung oder ein Produkt muss einem Bedürfnis entsprechen, wenn es Erfolg haben soll.

91

Nicht umsonst stellen kluge Kaufleute umfangreiche Marktforschungen an, ehe sie ein neues Produkt auf den Markt bringen. Wie vielen Menschen wird es dienen, wie gross ist das Bedürfnis? Ehe wir unserer Gemeinde das Risiko unseres neuen Gotteshauses zumuteten, mussten wir uns auch vergewissern, dass diese Kirche in ihrer Art und Grösse einem tatsächlichen Bedürfnis entsprach. Dass dies der Fall war, garantierte den Erfolg. Immer wieder wurde ich gefragt: «Wer will denn schon in einer Drive-in-Kirche seine Andacht verrichten?» und immer wieder antwortete ich: «Viele Menschen.»

## 2. Wird es Menschen weiterbringen?

Menschen in grosser Zahl werden angezogen von anderen Menschen, von Institutionen, von Ideen, die ihnen etwas geben, die ihnen helfen, sich weiterzuentwickeln.

Für uns lautete die Frage: «Können wir ein Gotteshaus planen und bauen, das den Menschen allein schon durch seine Anlage und Architektur etwas gibt?» Positiv denkende Menschen wissen, dass Schönheit unser Leben bereichert. Wir stellten uns daher die neue Kirche als einen Ort vor, der die Anmut eines spanischen Klosters, die Strenge klarer Formen, die Ruhe eines Bergwaldes und den lebendigen Geist Gottes in sich vereinigte. Wenn es uns gelang, unser Gotteshaus nach diesen Richtlinien zu erstellen, dann würden wir etwas schaffen, das nicht nur einem Bedürfnis entsprach, sondern zugleich in hohem Masse anregend war.

Leider sündigen in diesem Punkt viele praktisch eingestellte Leute. Für Schönheit wollen sie kein Geld ausgeben. Sie verkennen ihren tatsächlichen Wert. Sie übersehen, dass Schönheit die Menschen anregt und inspiriert und sich daher immer bezahlt macht.

### 3. Kann ich das, was mir vorschwebt, auch richtig und einwandfrei machen?

Auf einer Italienreise kaufte ich in Como ein Paar Schuhe. Ich fragte den Ladeninhaber: «Wie läuft das Geschäft?» Seine Augen leuchteten, sein Gesicht strahlte vor Freude und Begeisterung, als er mir antwortete: «Grossartig! Ausgezeichnet! Weil ich nur die besten Schuhe führe! Wenn man mittelmässige Ware führt, hält es schwer, sie zu verkaufen. Führt man hingegen das Beste und weiss es auch, dann ist Verkaufen ein Kinderspiel.» Gute Arbeit ist einer der Schlüssel zum Erfolg.

Eine Frau aus meiner Gemeinde, die heute hoch in den Achtzig ist, verdiente sich ihren Lebensunterhalt, indem sie an Messen und Ausstellungen Kuchen buk und verkaufte. Fast an jeder Messe wurde sie für ihre Backwaren mit einem ersten Preis ausgezeichnet. Was war ihr Geheimnis? «Ich versuche immer alles etwas besser zu machen, als es alle anderen machen», erklärte sie mir. Gute Leistung hat Erfolg, weil sie die Aufmerksamkeit auf sich zieht. Am Tag, als einer unbemannten amerikanischen Raumkapsel die erste weiche Landung auf dem Mond glückte, mehrere Monate nachdem die Russen dort Kameras gelandet hatten, sagte ein amerikanischer Wissenschaftler: «Es kommt nicht darauf an, wer etwas zuerst macht, sondern wer etwas am besten macht.»

Grosse Ideen haben fast immer Aussicht auf Erfolg. Ich habe erlebt, dass es leichter ist, eine Million Dollar für eine neue Kirche zusammenzubekommen als achtzehnhundert Dollar für eine Geschirrwaschmaschine ins Gemeindehaus. Aber die Grösse einer Idee allein garantiert ihren Erfolg noch nicht. Wenn grosse Ideen von Erfolg gekrönt sind, dann darum, weil sie nicht nur gross waren, sondern auch sinnvoll und praktisch durchführbar. Grösse um der Grösse willen ist gefährlich. Auf die Güte kommt es an. Einer Idee, die sowohl gross als auch gut ist, bleibt der Erfolg selten versagt.

### 4. Ist es neu und fortschrittlich?

Fast alles, was getan wird, kann anders, kann besser getan werden. Mach es anders, mach es besser! Im heutigen harten Konkurrenzkampf hat das

Aussergewöhnliche Erfolg, sofern es auch aussergewöhnlich gut ist. Prüfe, ob deine Idee nicht nur neu, sondern auch fortschrittlich ist.

Neben unserem Gotteshaus steht der höchste Kirchturm von ganz Kalifornien. Als wir das Gotteshaus planten, stellten wir fest, dass die Proportionen einen extrem hohen Turm verlangten. «Also bauen wir eben einen Turm von achtzig Meter Höhe», war unser erster Gedanke. Bestimmt war das ein einmaliges, ein überwältigendes Vorhaben, aber würde es unseren vier Fragen auch standhalten? Entsprach dieser Turm auch einem Bedürfnis, oder war er gerade gut genug, die Glocken zu tragen und den Tauben zum Ausruhen zu dienen? War er noch zu etwas anderem, etwas Sinnvollerem nutze, dann war die Idee wert, weiter geprüft zu werden.

Ich erinnere mich, wie jemand vorschnell sagte: «Ein so hoher Turm ist unter gar keinen Umständen gerechtfertigt. Er wäre sinnlos, unpraktisch und teuer.» Ich war damit nicht ohne weiteres einverstanden. Unpraktisch? Wie wäre es mit Aufzügen? Sinnlos? Wie wäre es mit einem Andachtsraum hoch oben unter dem Dach? Müsste es nicht beglückend sein, hoch über dem Treiben und dem Lärm der Welt seine Andacht verrichten zu können? Teuer? Wie konnte der Turm sonst noch genutzt werden? Als wir in unseren Überlegungen fortfuhren, zeigte sich, dass wir zweieinhalbtausend Quadratmeter Nutzfläche gewinnen konnten, wenn wir den Turm in Stockwerke unterteilten. Hier konnten wir die Büros unterbringen, die Personalwohnungen, die Zimmer für die Sonntagsschule und die Räume für die geplante psychologische Beratung.

Die Idee wurde schliesslich gutgeheissen, und so entstand unser Turm der Hoffnung, in dem jahraus, jahrein unzählige Menschen Trost und Zuversicht finden.

Heute wissen wir, dass unsere Antworten auf die vier Fragen zu Recht positiv ausgefallen sind. Der Turm entspricht einem wirklichen Bedürfnis; er hilft den Menschen weiter; er wurde funktionell richtig und gleichzeitig schön gebaut; die Idee war fortschrittlich und bahnbrechend.

# Es gibt eine Lösung
# für jedes Problem

Wenn du neue Ideen und Möglichkeiten verwirklichen willst, musst du dir bewusst sein, dass es nicht ohne Probleme und Schwierigkeiten abgehen wird. Aber scheue dich nicht davor, denn

*Probleme machen das Leben erst interessant.*

Norman Vincent Peale erzählt in seinem Buch «Was Begeisterung vermag»: «Eines Tages begegnete ich auf der Fifth Avenue einem Bekannten. Schon an seiner trübseligen Miene sah ich, dass etwas mit ihm nicht in Ordnung war. Seine offensichtliche Niedergeschlagenheit weckte mein Mitgefühl, und ich fragte ihn: ‹Was ist los mit Ihnen, Graham?›
Er erzählte mir fünfzehn Minuten lang, wie elend er sich fühle und wie ihm alles verleidet sei, aber nachher war ich so klug wie zuvor. Ich wusste nicht, was ihm eigentlich fehlte, und darum fragte ich ihn noch einmal: ‹Sagen Sie mir, was Sie bedrückt, und ich will versuchen, Ihnen zu helfen, wenn ich es kann.›
‹Es sind die vielen Probleme›, antwortete er. ‹Das Leben besteht aus nichts als aus Problemen. Ich

habe genug davon; ich bin diese ewigen Probleme satt.› Er steigerte sich in eine solche Erregung, dass er zu vergessen schien, mit wem er sich unterhielt, und mit ungewöhnlicher Schärfe und in nicht sehr gewählten Ausdrücken sprach. Das hatte immerhin den Vorteil, dass ich am Schluss genau wusste, was er meinte.

‹Und was kann ich für Sie tun, Graham?› erkundigte ich mich.

‹Befreien Sie mich von meinen Problemen! Das könnten Sie für mich tun! Wissen Sie was? Befreien Sie mich davon, und ich gebe Ihnen tausend Dollar für irgendeinen wohltätigen Zweck.›

Nun, ich bin nicht der Mann, der ein solches Angebot ablehnt. Ich dachte nach, und dann machte ich Graham einen Vorschlag, der ihm aber offenbar nicht zusagte, denn ich warte noch heute auf die versprochenen tausend Dollar.

‹Sie möchten also nie mehr mit irgendeinem Problem belastet sein?› fragte ich ihn.

‹Genau das will ich›, antwortete er mit Nachdruck.

‹Schön, das ist einfach. Erst vor ein paar Tagen hatte ich beruflich an einem Ort zu tun, wo über hunderttausend Menschen waren, von denen nicht einer ein Problem hatte.›

Zum ersten Mal leuchtete in seinen Augen ein Schimmer von Begeisterung auf. ‹Junge, das ist es! Führen Sie mich gleich hin!›

‹Nun gut, wenn Sie es wünschen, aber ich zweifle,

ob es Ihnen dort gefallen wird. Es ist der Wood-
lawn Friedhof.»

Ja, nur die Toten haben keine Probleme. Wenn du
wahrhaft am Leben teilhaben willst, darfst du dich
vor Problemen nicht fürchten. Man kann den Problemen wohl aus dem Weg gehen, aber dann ist
die Gefahr gross, dass man vor Langeweile
umkommt.

Probleme erhalten uns jung und bewahren uns vor
Langeweile. Ein Mensch, der keine Probleme hat,
entwickelt sich auch nicht weiter. Und wer sich
nicht mehr weiterentwickelt, ist alt und am Ende.
Positiv denkende Menschen, die ihre Ideen verwirklichen wollen, kommen um Probleme nicht
herum. Je grösser die Ideen, desto grösser die Probleme!

Vor kurzem hat auch mir wieder einmal eine Idee,
die mich nicht mehr losliess, Probleme bereitet.
Als Richard Neutra und ich seinerzeit das Projekt
unseres neuen Gotteshauses besprachen, sagte ich
zu ihm: «Ich sehe eine Kirche im Sinne des 23.
Psalms vor mir – grüne Auen und ruhige Wasser.»
Zur gleichen Zeit hatte ein berühmter Bildhauer,
ohne dass wir davon wussten, in seinem fünfzehn
Kilometer entfernten Atelier die Eingebung, eine
Statue des Guten Hirten zu schaffen. Henry Van
Wolf, er war dieser Bildhauer, machte sich an das
Werk, das ihn drei Jahre Arbeit und Tausende von
Dollar kosten sollte. Zuerst schuf er ein kleines
Modell, dann das grosse Modell aus Ton, dann die

Gipsform. Die Gipsform wurde sorgfältig verpackt und nach München verschifft, wo die Statue in Bronze gegossen wurde.

Die zwei Meter hohe und zweieinhalb Tonnen schwere Bronzefigur des Guten Hirten mit vier zu seinen Füssen lagernden Schafen trat darauf die Reise nach Kalifornien an. Dort, in einem alten Schuppen, wurde sie gereinigt, poliert und zuletzt mit einer dünnen Goldauflage versehen. Zufälligerweise machte der Bildhauer gerade zu jener Zeit unserer Kirche einen Besuch. Die ganze Anlage beeindruckte ihn sehr, und er sagte zu mir: «Dies wäre der richtige Ort für meine Statue. Fast bedaure ich, dass heute eine bekannte Schauspielerin sie ansehen kommt, denn ich bin überzeugt, dass sie sie kaufen wird.» Ich bat ihn: «Warten Sie eine Woche, damit ich den Kirchenrat einberufen und die Angelegenheit vorbringen kann.» Seine Antwort war eindeutig: «Ich kann nicht warten. Ich brauche das Geld. Wenn ich heute verkaufen kann, muss ich es tun.» Ich sah aber die Statue im Geiste schon neben unserem Gotteshaus stehen, und ich sah auch, wie sie Hunderttausende von Kirchgängern beglücken würde. Meine Vorstellungskraft begann, mir ein Problem aufzuhalsen. Die Vorschriften unserer Gemeinde verlangen, dass der Kirchenrat zu jeder Sitzung sechs Tage im voraus schriftlich eingeladen wird. Aber der Bildhauer war nicht bereit, sechs Tage zu warten. «Mister Van Wolf», entschloss ich mich, «ich kaufe die Statue.» Der Preis betrug einundzwanzigtausend Dollar. Ich rechnete kurz, dann fuhr ich fort: «Ich gebe Ihnen heute siebenhundert Dollar. Mehr habe ich nicht. Weitere zweitausenddreihundert Dollar erhalten Sie innerhalb der nächsten zwei Monate. Während der nächsten drei Jahre zahle ich Ihnen monatlich fünfhundertsiebzehn Dollar und siebenundsiebzig Cents, darin ist der Zins bereits eingerechnet.» – «Einverstanden, Pfarrer Schuller, die Statue gehört Ihnen. Ich nehme Ihr Angebot an.» Wir setzten einen kleinen Vertrag auf, und zwei Wochen später spiegelte sich der Gute Hirte im Wasser eines Teiches neben unserem Gotteshaus. Die Gemeinde war von dem Meisterwerk begeistert, und in kurzer Zeit trafen so viele freiwillige Spenden ein, dass wir den ganzen Kaufpreis bezahlen konnten.

Eines ist sicher: Jede Idee bedeutet ein Wagnis. Und jedes Wagnis bringt Probleme mit sich.

Wie werden positiv denkende Menschen mit ihren Problemen fertig? Sie begegnen ihnen gefasst und voller Zuversicht, weil sie wissen, dass sie ihnen gewachsen sind. Hier sind acht Ratschläge, wie wir uns den stets gegenwärtigen Problemen gegenüber verhalten sollen.

## 1. Erwarte Probleme!

Sei nicht überrascht, wenn Probleme auftreten. Erwarte Probleme, dann können sie dich auch nicht ängstigen. Positiv denkende Menschen sind keine Träumer, die glauben, es gäbe keine Schwierigkeiten. Im Gegenteil, sie sind Realisten, die ihr Teil an Sorge, Mühsal und Schwierigkeiten erwarten, wenn sie sich dabei auch ihre empfindsame Seele bewahren. Sei unerbittlich gegen dich selbst. Erteile dir harte, strenge Lektionen – niemand sonst erteilt sie dir! Nur du selbst kannst dich so disziplinieren, wie es nötig ist.

Weil du weisst, dass Probleme unvermeidlich sind, rechnest du mit ihnen und versuchst, sie vorauszusehen. Kluge Leute verfolgen nie ein Projekt, ohne sich zu fragen, welche Probleme voraussichtlich auf sie zukommen werden. Sie wissen aber auch, dass sie diese Probleme so oder so lösen werden. Wenn wir Probleme voraussehen, können wir uns bereits Lösungsmöglichkeiten überlegen. Wir sind gerüstet, den Problemen zu begegnen. Ein kluger Geschäftsmann zum Beispiel wird sich mit Problemen und den Möglichkeiten zu ihrer Lösung schon lange befassen, ehe die Probleme wirklich akut werden. Er ist seinen Problemen voraus. Sei auch du deinen Problemen voraus! Kein Problem kann uns niederwerfen, wenn wir es erwarten.

## 2. Überschätze deine Probleme nicht!

Miss einem Problem nicht mehr Gewicht bei, als es verdient. Manche Menschen haben ein erstaunliches Talent, aus einer Mücke einen Elefanten zu machen. Ich erinnere mich an eine Frau, die zu mir kam und mir sagte: «Jetzt habe ich genug. Jetzt lasse ich mich von meinem Mann scheiden.»

«Trinkt Ihr Mann?» fragte ich die Frau. «Nicht mehr als Männer im allgemeinen trinken», war die Antwort.

«Betrügt er Sie mit andern Frauen?» – «Um Gottes willen! Sowas würde er nie tun.»

«Arbeitet er nicht gerne, oder verspielt er seinen Verdienst?» – «Ach nein, in dieser Beziehung ist er ganz in Ordnung.»

«Schlägt er Sie?» – «Du meine Güte, wo denken Sie hin!»

«Ist er rauschgiftsüchtig?» – «Natürlich nicht!»

«Wollen Sie sich nicht nochmals überlegen, ob Sie sich wirklich scheiden lassen wollen? Ich kenne Dutzende von einsamen Frauen, die mit Freuden hinter Ihrem Mann her wären, wenn Sie ihn ziehen liessen.»

«Vielleicht haben Sie recht», sagte sie nach einigem Nachdenken.

Ein angesehener Geschäftsmann kam eines Tages zum bekannten Bostoner Seelsorger Dr. Phillips Brooks. Geradezu hysterisch rief er aus: «Haben Sie gelesen, was in der Sowieso-Zeitung von heute morgen über mich steht? Ich bin ruiniert!» Der erfahrene Mann beruhigte den Besucher und sagte zu ihm: «Moment mal! Ich habe es nicht gelesen, denn ich bin auf eine andere Zeitung abonniert. Höchstens die Hälfte der Bevölkerung liest diese Zeitung. Und von denen, die sie lesen, lesen die meisten nur die Titelseite, die Schlagzeilen und die Witze. Diejenigen, die mehr lesen, interessieren sich entweder für den Wirtschaftsteil, den Sport oder die Frauenseite. Ich bin überzeugt, kaum ein Prozent der Bevölkerung wird auf Ihren Namen stossen. Viele davon kennen Sie nicht einmal dem Namen nach und werden sofort wieder vergessen, was sie gelesen haben. Und die paar wenigen, die Sie kennen, werden es nicht glauben.»

## 3. Freue dich über Probleme – sie wirken stimulierend!

Probleme regen unsere Vorstellungskraft an und zwingen uns zu schärferem Nachdenken. Jede Auseinandersetzung mit einem Problem macht uns stärker, bedeutet also einen Gewinn für uns. Darum wollen wir uns über auftretende Probleme freuen und nicht ärgern.

*Probleme sind Leitlinien, keine Stoppsignale!*

Auch grosse Probleme müssen nicht ein Haltezeichen sein.
Als Virginia Hayter vor einigen Jahren ihren Mann verlor, beschloss sie, sich nicht dem Selbstmitleid zu überlassen, sondern etwas zu tun. Sie

besuchte einen Sekretärinnenkurs und fand bald eine gute Stelle.

Alles ging gut, bis ihre Fingerspitzen zu schmerzen begannen. Der Schmerz nahm ständig zu, und schliesslich stellte sich heraus, dass Virginia an einer ernsthaften Krankheit litt. Diese schritt so rasch voran, dass mehrere Finger an beiden Händen amputiert werden mussten.

Ich besuchte die junge Frau im Spital. Ruhig lag sie da, die bandagierten Hände auf der Bettdecke. «Wie geht es, Frau Hayter?» begrüsste ich sie. «Recht gut», antwortete sie tapfer. Wir unterhielten uns eine Weile, und erst als ich mich verabschiedete, sagte sie unter Tränen: «Das einzige, was mir Kummer macht, ist, dass ich nicht weiss, was ich arbeiten soll, wenn ich mit meinen Stummeln vielleicht nicht mehr maschineschreiben kann. Aber», fasste sie sich bereits wieder, «wenn eine Türe zu geht, geht bestimmt eine andere auf!»

Zwei Monate später besuchte sie mich und berichtete mir strahlend: «Was habe ich gesagt? Wenn eine Türe zu geht, geht immer eine andere auf! Letzte Woche, ich hatte meine Arbeit eben erst wieder aufgenommen, suchte man im Betrieb jemanden zur Mithilfe bei der Kostenanalyse. Der Personalchef hielt mich für diese Arbeit geeignet und fragte mich, ob ich sie übernehmen wolle. Er sagte mir auch: ‹Leider werden Sie aus der Übung kommen und mit der Zeit das Maschineschreiben wohl ganz verlernen. Dafür haben Sie aber an Ihrem neuen Posten die Möglichkeit, bedeutend mehr zu verdienen als bisher.» Heute ist Virginia Hayter eine ausserordentlich tüchtige Kostenanalytikerin. Von ihr stammt der schon zitierte Ausspruch: «Probleme sind Leitlinien, keine Stoppsignale!»

Lass deine Probleme dich nicht umwerfen – lass sie dich weiterbringen!

## 4. In jedem Problem stecken Möglichkeiten!

Der verstorbene Kongressabgeordnete Clyde Doyle war ein eifriges Mitglied unserer Kirchengemeinde und ein lieber persönlicher Freund. Ich erinnere mich an eine Zeit, als er in eine grosse nationale Kontroverse verwickelt war. Da er mir sehr nahestand, tat er mir natürlich leid, als er in den Zeitungen zu Unrecht angegriffen wurde. Ich fragte ihn, ob ich etwas für ihn tun könne, doch er gab mir zur Antwort: «Wir Politiker sind der Ansicht, dass uns auch Kritik förderlich ist. Für einen Politiker ist nicht so wichtig, was man über ihn sagt, als dass man überhaupt von ihm spricht. Solange man von uns redet, werden wir nicht vergessen. Wenn die Bürger zur Urne gehen, stimmen sie für die Namen, die ihnen bekannt sind. Die meisten erinnern sich noch an den Namen, lange nachdem sie vergessen haben, in welchem Zusammenhang sie ihn gehört haben.»

Ein anderer meiner Freunde wurde wegen einer Sache von Amerikas grösster Wochenzeitschrift heftig angegriffen. «Ich freue mich über diese Kritik», sagte mir der positiv eingestellte Mann. «Sie gibt mir die Möglichkeit, meinen Kritikern zu antworten und so der Öffentlichkeit zu zeigen, was ich schon geleistet habe, was ich tue und was ich plane. Ohne diese Kritik könnte ich meine Ansichten nie vor einer so grossen Leserschaft darlegen.»

Das sind nur zwei Beispiele dafür, wie in jedem Problem positive Möglichkeiten stecken.

Als ich an der Pazifik-Universität in Stockton eine Ansprache hielt, fiel mir der imposante Turm beim Eingang zum Universitätsgelände auf. Er erhebt sich fünfzig Meter hoch als eindrückliches Wahrzeichen. Dr. Robert Burns, der Rektor der Universität, erzählte mir seine Geschichte. Vor einigen Jahren litt die ständig grösser werdende Universität unter Wassermangel, und es wurde ein Ingenieurbüro mit einer Projektstudie beauftragt. Die Ingenieure kamen zum Schluss, dass das Problem nur durch einen Wasserturm gelöst werden könne, der beim Eingang zum Universitätsgelände stehen müsse. Der Gedanke an einen hässlichen, monströsen Wassertank, der das ganze Gelände verunstalten würde, erregte Dr. Burns Widerstand. Aber die Ingenieure waren unnachgiebig: «Der Wasserturm muss gebaut werden, und er muss beim Eingang stehen.» Dr. Burns begann nachzudenken. Was kam heraus? Der Wasserturm wurde errichtet, fünfzig Meter hoch, aber er wurde in seiner ganzen Höhe eingemauert. Im oberen Drittel, dort, wo der hässliche Wassertank untergebracht ist, wurden die Wände mit farbigen Glasfenstern versehen. Die unteren zwei Drittel des Turms wurden in neun Stockwerke aufgeteilt. Dort sind heute die Büros der Universität und eine Radiostation untergebracht. Wohl nur wenige Universitätsangestellte haben sonnigere Büros, und kaum eine Universität in Amerika hat ein eindrücklicheres Wahrzeichen als die Pazifik-Universität.

### 5. Erstelle eine Liste der Lösungsmöglichkeiten!

Mache eine Aufstellung sämtlicher Möglichkeiten, wie dein Problem gelöst werden könnte. Erweist sich eine Möglichkeit als undurchführbar, dann probierst du es mit der nächsten. Lass dich nicht entmutigen – es muss eine Lösung geben! Wenn du sie noch nicht gefunden hast, dann suche weiter, bis du sie hast!
Positiv denkende Menschen sind einfallsreiche Menschen. Sie halten sich an die alte Maxime: «Wo ein Wille ist, ist ein Weg.» Eine meiner ersten Erfahrungen in Garden Grove war eine Zusammenkunft von sechs Pfarrern verschiedener Gemeinden. Wir waren zusammengekommen,

um uns zu überlegen, wie wir Menschen für unseren Glauben gewinnen konnten, die noch keiner Gemeinde angehörten. «Wie viele Familien gibt es in der Stadt?» fragte ich. «Vierzehntausend», war die Antwort. «Ist schon einmal eine Erhebung gemacht worden, welchen Religionen diese vierzehntausend Familien angehören?» fragte ich weiter. Ein amüsiertes Lächeln und ein Kopfschütteln war die ganze Antwort. «Also schliessen wir uns doch zusammen, besuchen die vierzehntausend Familien und stellen fest, welcher Religion jede einzelne angehört. Mit denen, die noch nirgends hingehören, wollen wir dann in Kontakt bleiben», schlug ich vor. Die Reaktion meiner Kollegen war alles andere als begeistert: «Vierzehntausend Besuche? Das ist unmöglich. Wissen Sie, wie lange das dauern würde? Völlig ausgeschlossen!» Damit war mein Vorschlag erledigt.

Während eines Gesprächs mit einem Geschäftsmann aus meiner Gemeinde erwähnte ich beiläufig meine Enttäuschung. «Vierzehntausend? Das ist doch keine Sache!» sagte er. «Alles, was wir brauchen, sind vierzig Leute, die bereit sind, an dreihundertfünfzig Türglocken zu läuten. Meine Frau und ich werden die nach Strassen geordneten Adresslisten erstellen. Immer fünfunddreissig Adressen auf einem Blatt. Jeder Befrager erhält zehn Blätter.»

Eine glänzende Idee. Zwei Wochen später brachte mir der Mann die Listen – vierhundert Blätter mit je fünfunddreissig Adressen, vierzehntausend Adressen insgesamt. «Nun brauchen wir nur noch die vierzig Leute, von denen jeder zehn Blätter in die Hand nimmt, hingeht, an den Türglocken läutet, zwei einfache Fragen stellt und die Antwort einträgt», bemerkte er dazu. Am nächsten Sonntag erzählte ich der Gemeinde von unserer Idee, und ohne weiteres meldeten sich vierzig Freiwillige. Wir luden sie am darauffolgenden Freitag zum Abendessen ein und verteilten gleichzeitig die Adresslisten. Am Samstagmorgen begannen sie mit der Befragung, und bis am Abend waren schon mehr als siebentausend Familien besucht worden. Am Abend des folgenden Samstags waren alle vierzehntausend Adressen bearbeitet. Vierzig positiv eingestellte einfache Menschen hatten fertiggebracht, was sechs Pfarrer mit schönen akademischen Titeln als unmöglich bezeichnet hatten.

Es ist keine Frage: Es gibt eine Lösung für jedes Problem!


## 6. Entscheidend ist, was du aus deinem Problem machst!

Dr. Frank Barron leitet an der University of California das Institut zur Erforschung des menschlichen Verhaltens. Er erzählt die Geschichte eines jungen Mannes, den er an seinem Institut befragt hat. Als dieser junge Mann noch ein Knabe war, wurde seine Mutter unheilbar geisteskrank. Zudem war der Vater Alkoholiker und liess seine Familie immer wieder im Stich. Entsprechend verzweifelt war auch die finanzielle Lage. Dieser Hintergrund liesse wohl erwarten, dass aus dem Sohn ein unausgeglichener Mensch wurde. Das ist aber nicht der Fall. Im Gegenteil, gerade den schwierigen Verhältnissen in seiner Kindheit ist es wohl zuzuschreiben, dass der junge Mann eine Charakterstärke entwickelte, die ihm bei der Persönlichkeitsbewertung die höchsten Noten eintrug. Dr. Barron behauptet: «Menschliche Lauterkeit ist eine Frage des Verhaltens den Problemen gegenüber und nicht des Bewahrtwerdens vor Problemen.»

## 7. Verlier den Humor nicht!

Ich freue mich immer wieder von neuem darüber, wie positiv eingestellte Menschen es fertigbringen, auch ernsthaften Problemen noch Humor abzugewinnen. Bill Bruin war nicht nur ein erfolgreicher Geschäftsmann, er war auch eines unserer fröhlichsten Gemeindeglieder, trotzdem er die letzten fünfzehn Jahre seines Lebens an Kehlkopfkrebs litt. Nicht nur, dass er selbst stets guter Laune war, nein, er hatte auch immer einen Scherz auf den Lippen, um andere aufzuheitern. In seiner Umgebung herrschte stets eine fröhliche Stimmung. Als Folge seiner Krankheit konnte er nur noch mit Hilfe eines elektronischen Apparätchens sprechen, und als ich ihn einmal fragte, ob das denn nicht sehr mühsam und unangenehm sei, gab er mir zur Antwort: «Nein, das ist wunderbar. Es bewahrt mich davor, unnötiges Zeug zu schwatzen, und es zwingt meine Bekannten, mir aufmerksam zuzuhören, wenn ich mich mit ihnen unterhalte.»

## 8. Kein Problem lässt dich so zurück, wie es dich vorfand!

Sage dir: «Wenn dieses Problem gelöst ist, werde ich ein anderer Mensch sein. Ich werde klüger, stärker, nachsichtiger sein – oder zynisch, verärgert, verbittert. Es hängt nur von mir ab. Jedes Problem kann aus mir einen besseren oder einen schlechteren Menschen machen. Es kann mich Gott näherbringen oder weiter von Ihm entfernen. Es kann mein Vertrauen stärken oder schwächen. Alles hängt von meiner Einstellung und meinem Verhalten ab. Dieses Problem soll mich als ein besserer Mensch zurücklassen.»

Viele Familien in meiner Gemeinde haben durch ihre Haltung meine Bewunderung errungen. Eine von ihnen ist die Familie Dragt. Vernon Dragt war Maurer in El Monte, dreissig Kilometer nördlich von Orange County. Eines Abends kam er müde nach Hause und klagte über Kopfschmerzen. Die Schmerzen nahmen zu, und Mrs. Dragt sagte zu ihren drei kleinen Mädchen: «Seid schön ruhig. Macht keinen Lärm. Papa hat Kopfschmerzen.» Dann ging sie weg, um einen Arzt zu rufen, denn sie machte sich Sorgen. Ihr Mann war noch nie krank gewesen und hatte noch nie über Kopfschmerzen geklagt. Bald darauf erlitt sie den Schock ihres Lebens.

«Kinderlähmung? Aber doch nicht mein Mann! Ein kräftiger Mann wie er bekommt doch nicht Kinderlähmung, Herr Doktor!» Als sie ihren Mann das nächste Mal sehen durfte, lag er in einer eisernen Lunge. Die Tage vergingen. Der Mann schwebte zwischen Leben und Tod. Viele Menschen beteten für ihn, aber ich war nicht unter ihnen. Ich bemühte mich, dreissig Kilometer von ihm entfernt, eine neue Gemeinde aufzubauen. Wochen vergingen, Vernon Dragt lag noch immer in der eisernen Lunge. Die mageren Ersparnisse der Familie schmolzen dahin. Die junge Frau wandte sich an Gott. Sie betete, und im Gebet fand sie Führung und Kraft. Entschlossen sagte sie: «So kann es nicht weitergehen. Jetzt suche ich Arbeit. Jetzt werde ich für die Familie sorgen.»

Aber Arbeit, von der eine Familie hätte leben können, war für eine junge Mutter ohne besondere Kenntnisse und Erfahrungen schwer zu finden. Überall wurde sie abgewiesen. Endlich bot man ihr an, Haushaltmaschinen zu verkaufen. «Alles, was ich tun muss», dachte sie, «ist reden, und darin habe ich doch Übung.» Sie musste über diesen Gedanken lachen, aber in ihrem Innern war es ihr mit ihrem Entschluss ernst. Sie machte sich an die Arbeit, und wohin sie kam, sprach sie begeistert und überzeugend von ihren Haushaltmaschinen. Darum hatte sie auch Erfolg, und bald war sie soweit, einige Untervertreterinnen beschäftigen zu können. Nach kurzer Zeit waren alle Schulden bezahlt, und jetzt hatte sich auch Vernon Dragt so sehr erholt, dass er die eiserne Lunge verlassen durfte. Seine Armmuskeln waren zwar geschwunden; nie mehr würde er als Maurer arbeiten können. Aber vielleicht war das nicht so schlimm. Vielleicht war das ein Ansporn, aus seinem Leben mehr zu machen. Er setzte sich wieder auf die Schulbank und erwarb sich eine gründliche kaufmännische Bildung. Heute leitet er das von seiner Frau ins Leben gerufene Millionenunternehmen, während sie den über sechshundert Vertreterinnen und Vertretern vorsteht.

Vor einigen Jahren bezogen die Dragts ein neues Haus, nur wenige Kilometer von dem Drive-in-Kino entfernt, wo ich damals noch meine Gottesdienste hielt. Es war die Zeit, als sich unsere Gemeinde ernsthaft mit der Idee des neuen Gotteshauses befasste. «Hör mal, was hier in der Zeitung steht», sagte Mrs. Dragt eines Abends zu ihrem Mann. «Da will jemand eine Drive-in-Kirche bauen. Ist das nicht grossartig? Ich hätte Lust, diese Leute kennenzulernen.»

Sie ging zum Telefon und wählte meine Nummer. Einige Tage zuvor hatte ich den Kaufvertrag für das Land unterschrieben, und seither brütete ich über dem Problem: «Wo in aller Welt nehme ich jeden Monat vierhundert Dollar her, um die Raten bezahlen zu können?» Um es aber kurz zu machen: Die Dragts traten unserer Kirche bei und – es hört sich fast an wie ein Wunder – leisteten jeden Monat einen freiwilligen Beitrag von vierhundert Dollar, ohne dass sie von meinem Problem wussten.

Neben unserem Gotteshaus steht unser achtzig Meter hoher Turm der Hoffnung mit seinem dem Himmel nahen Andachtsraum. Ich erinnere mich noch gut an die Versammlung, an der es darum ging, eine Million Dollar für den Bau dieses Turms durch freiwillige Spenden aufzubringen. Es waren etwa tausend Menschen anwesend. Viele von ihnen lachten laut und herzhaft, als ich unter anderem fragte, ob nicht jemand hunderttausend Dollar für den Andachtsraum stiften wolle. Um zehn Uhr war die Versammlung zu Ende, und ich ging nach Hause. Gegen Mitternacht läutete das Telefon. Es war der Vizepräsident des Kirchenrates, der es übernommen hatte, die eingegangenen Zeichnungsscheine zu ordnen. Vor Erregung konnte er kaum sprechen: «Pfarrer Schuller, es tut mir leid, dass ich Sie so spät noch störe. Aber ich kann nicht warten bis morgen. Die Zeichnungen betragen über eine Million Dollar, und in der

Hand halte ich einen Zeichnungsschein von allein hunderttausend Dollar.»

Mr. und Mrs. Dragt hatten hunderttausend Dollar für den Andachtsraum gestiftet. Dieser Raum ist das Geschenk einer Familie, die erfahren hat, dass die schwerste Zeit in unserem Leben oft nichts anderes bedeutet als die Finsternis vor einem strahlenden neuen Erwachen. Unser Andachtsraum wäre vielleicht nie verwirklicht worden, wäre nicht Jahre zuvor ein Mann an Kinderlähmung erkrankt. «Wie unerforschlich sind seine Entscheidungen und unausdenkbar seine Wege.»

Bitte Gott um Führung und Beistand – Er wird sie dir nicht versagen!

# Geldprobleme sind nie
# ein Hindernis

Es ist jammerschade, wie viele gute Projekte nie geboren werden oder vorzeitig wieder eingehen, einzig mit der nicht stichhaltigen Begründung: «Wir haben nicht genug Geld.»

Für jedes Geldproblem gibt es eine Lösung. Bei den Sitzungen unseres Kirchenrates gilt die Regel, dass auf einen positiven Vorschlag niemand – gar niemand! – fragen darf: «Wieviel wird es kosten?» ehe nicht die Frage beantwortet ist: «Entspricht es einem Bedürfnis; dient es der Gemeinde?» Erst wenn feststeht, dass der Vorschlag einem Bedürfnis entgegenkommt oder ein Problem lösen hilft oder neue Möglichkeiten eröffnet, fragen wir: *«Wie können wir die nötigen Mittel beschaffen?»* Dass es immer einen Weg gibt, einer positiven Idee zum Durchbruch zu verhelfen, ist für uns selbstverständlich.

## 1. Du kannst mit nichts beginnen!

Träume kosten nichts. Schwebt dir ein Traum vor, zu dessen Erfüllung dir das Geld fehlt, dann denke daran: Alle grossen Projekte beginnen mit einem Traum. Pläne schmieden kostet nichts!

*Die kostbarsten Dinge im Leben sind gratis.*

Eine Idee; eine Stunde Nachdenken am frühen Morgen; ein Freund, der dich ermutigt; ein Artikel in der Zeitung: all das ist gratis! Auch ein Gespräch kostet nichts. Hast du eine gute Idee, dann unterhalte dich darüber mit vertrauenswürdigen, positiv denkenden Menschen. Das kann der erste Schritt zur Erfüllung deines Traumes sein. Das Kostbarste, was es gibt, sind gute Ideen. Und gute Ideen ziehen Beistand und Unterstützung an wie ein Magnet.

## 2. Du kannst mit wenig viel erreichen!

Auch mit wenig Geld kann man einer Idee auf den Weg helfen. Und wenn sie gut ist und einem Bedürfnis entspricht, dann braucht dir um die weiteren Schritte nicht bange zu sein.

Die Leute sind immer wieder erstaunt, wenn sie über unser Gelände spazieren und erfahren, dass am Anfang nur 500 Dollar standen. Und doch ist es so. Tragisch ist nur, dass negativ denkende Menschen ihre Vorstellungskraft dazu benutzen, neidisch nach Gründen zu suchen, warum uns das möglich war, anstatt positiv zu überlegen, wie auch sie mit wenig viel erreichen können.

*Du kannst viel erreichen, wenn du das wenige, das du hast, voll einsetzest.*

Jemand mit grossen Plänen und wenig Geld, der alles, was er hat, in seine neue Idee steckt, wird jedoch immer Unterstützung finden. Laue, unentschlossene Menschen hingegen, die selber nicht an ihren Erfolg glauben, finden kaum Unterstützung.

Ein junger Ingenieur, der in einem Flugzeugwerk in Südkalifornien arbeitete, hatte grosse Pläne. Er wollte es in der Baubranche zu etwas bringen. Da bot sich ihm die Möglichkeit, mit einer Anzahlung von zweitausend Dollar ein Grundstück zu kaufen. Er lieh sich das Geld von Verwandten und verschaffte sich bei der Bank einen Kredit zum Bau eines Motels. Zwei Jahre später verkaufte er es mit ansehnlichem Gewinn. Den ganzen Gewinn investierte er in ein teures Grundstück auf der gegenüberliegenden Strassenseite von Disneyland. Hier plante er ein grosses, luxuriöses Motel. Aber diesen Plan konnte er nur verwirklichen, indem er sich voll einsetzte. Er baute das Motel sozusagen mit eigenen Händen. Immer sah ich den Mann unermüdlich arbeiten. Er führte Schutt ab, schrubbte, mauerte, malte, pflanzte Bäume. Während nahezu zwei Jahren opferte er alles für seine Idee. Heute muss er das Motel bereits vergrössern. Das Jolly Rogers, so heisst es, ist ein enormer Erfolg, und das Geschäft ist heute ein Vermögen wert. Wo liegt das Geheimnis? Der Mann war ehrlich, und er war entschlossen. Und er steckte alles, was er hatte, in sein Unternehmen. Darum konnte der Erfolg auch nicht ausbleiben.

Es ist unglaublich, wieviel ein entschlossener, positiv denkender Mensch mit wenig erreichen kann.

### 3. Geld verdienen ist kein Problem!

Geldmangel ist nie ein Hindernis. Es ist mehr Geld im Umlauf, als du dir vorstellst. Dass du keines hast, bedeutet nicht, dass du keines bekommen wirst. Ich riet einmal einem jungen Mann, Vertreter zu werden. Dieser Rat jagte ihm regelrecht Angst ein. «Sie meinen, ich soll hingehen und Leute um Geld bitten?» fragte er mich entsetzt. «Natürlich nicht», erwiderte ich. «Sie sollen den Leuten Gelegenheit bieten, ihr Geld richtig auszugeben. Die Leute geben gerne Geld aus. Am Verkäufer liegt es, ihnen für ihr Geld das zu bieten, was sie wirklich brauchen. Gute Käufe, sinnvolle Anschaffungen machen die Menschen glücklich. Sie werden Ihnen dankbar sein, wenn Sie ihnen helfen, ihr Geld vernünftig auszugeben.»
Ich schloss meine kurze Predigt: «Gehen Sie hin und holen Sie sich einen Teil dieses Geldes! Sie brauchen es.» Dass ich als Pfarrer so sprach, schien ihn ungemein zu schockieren. Darum fügte ich hinzu: «Es ist keine Schande, Geld zu haben, wenn man damit umzugehen versteht. Gewinnstreben ist ein achtbares Streben, wenn man Geld als ein Mittel ansieht, unsere Gesellschaft, seine Familie

und sich selber an Geist und Körper weiterzubringen. Geld ist nur die Wurzel alles Bösen, wenn es zum Selbstzweck wird, anstatt zu einem Werkzeug der Weiterentwicklung. Gehen Sie also hin und verdienen Sie sich das Geld, das Sie zu Ihrer Weiterentwicklung brauchen. Und denken Sie daran: Jeden Tag werden Hunderttausende von Dollar verdient. Millionen Menschen wollen dieses Geld wieder ausgeben. Helfen Sie ihnen, es sinnvoll auszugeben!»

## 4. Scheue dich nicht, Geld aufzunehmen!

Enorme Summen stehen bei Banken und oft auch bei Privatleuten bereit, um an vertrauenswürdige Geschäftsleute und Unternehmen ausgeliehen zu werden. Darum findet man immer Geld, um eine positive Idee in die Tat umzusetzen. Es ist auch keine Schande, zur Verwirklichung einer guten Idee Geld aufnehmen zu müssen.

*Kredit ist ein Zeichen des Vertrauens.*

Kredit ist eine materielle Anerkennung der Leistung und der Vertrauenswürdigkeit eines Menschen. Nur wenige Unternehmen wachsen und gedeihen ohne fremde finanzielle Unterstützung. Und mancher grosse Konzern würde heute nicht bestehen, wenn seine Gründer nicht den Mut gehabt hätten, hinzugehen und sich Geld zu borgen. Vergiss nicht, dass du nicht nur dir selber hilfst, wenn du für eine gute Sache Geld aufnimmst. Durch deine pünktlichen Zinszahlungen erweist du auch deinem Geldgeber einen Dienst; ausserdem wird die Verwirklichung deiner Idee vielen Menschen dienen. Wenn du es so betrachtest, siehst du, dass es keine Schande ist, Geld aufzunehmen.

## 5. Wirkliche Schulden und scheinbare Schulden

Ich kam frisch von der Universität, hatte eben geheiratet und meine erste Pfarrstelle angetreten. Ich verdiente etwas über zweihundert Dollar im Monat. Es wurde Winter, und ich brauchte Kohlen. Ich erkundigte mich beim Kohlenhändler, welches Quantum ich benötigen werde. «Ungefähr fünf Tonnen», war die Antwort. «Was kostet das und geben Sie mir Kredit?» fragte ich weiter. «Fünfundsiebzig Dollar, Herr Pfarrer. Kohle verkaufen wir grundsätzlich nicht auf Kredit; Sie müssen sich das Geld schon irgendwo borgen.» Das war kurz und bündig!
Ich ging zur Bank und bat um ein Darlehen von fünfundsiebzig Dollar, um Kohle zu kaufen. Der Direktor gab mir einen kurzen, aber lehrreichen Anschauungsunterricht in Wirtschaftslehre: «Diesmal will ich Ihnen das Geld für die Kohle leihen, Herr Pfarrer. Aber nur dieses eine Mal.

Wenn Sie Geld aufnehmen, um Kohle zu kaufen, machen Sie Schulden. Die Kohle werden Sie verbrennen, und wenn Sie nicht in der Lage sind, Ihre Schuld zurückzuzahlen, dann verlieren wir unser Geld, weil wir keine Deckung haben. Wenn Sie Geld aufnehmen, um damit Kohle, Nahrungsmittel oder andere Verbrauchsgüter zu kaufen, dann ist das Geld weg, und bald wird auch das weg sein, was Sie sich für das Geld gekauft haben. Was bleibt, sind Schulden – wirkliche Schulden.»

Er spürte wohl, dass das, was er mir sagte, für mich neu war und mich interessierte. Darum fuhr er fort: «Wenn Sie ein Darlehen brauchen, weil Sie nicht genügend eigene Mittel haben, um ein Haus oder ein Auto zu kaufen, dann leihen wir Ihnen das Geld, das Ihnen fehlt, gerne. Das ist eine ganz andere Lage. Obwohl Sie uns Geld schulden, haben Sie keine wirklichen Schulden. Denn dieses Geld investieren Sie. Wenn Sie das Geld nicht auf andere Weise zurückzahlen können, verkaufen Sie eben das Haus oder den Wagen und bezahlen uns aus dem Erlös. Genauso verhält es sich, wenn Sie ein Geschäft haben und bei uns Geld aufnehmen, um gängige Ware einzukaufen. Auch dieses Darlehen wäre keine wirkliche Schuld, denn das Geld würde investiert und nicht einfach verbraucht. Könnten Sie unser Darlehen nicht zurückzahlen, würden wir die Ware und nötigenfalls auch das Geschäft verkaufen, um nicht zu Verlust zu kommen. So einfach ist das.»

Dieser Anschauungsunterricht war für mich äusserst wertvoll. Er gab mir Mut, als wir Jahre später darangingen, unser Gotteshaus zu verwirklichen. Wir wussten, dass es sehr viel Geld kosten würde und dass wir bedeutende Hypotheken würden aufnehmen müssen. Wie lange würden wir brauchen, um diese Hypotheken zurückzahlen zu können? Ungefähr zwanzig Jahre. Wir beschlossen, das Geld mit einer entsprechenden Rückzahlungsfrist aufzunehmen. Als der Bau fertig war, wurde der Wert des ganzen Geländes auf eine Million Dollar geschätzt; sechshunderttausend Dollar waren fremdes Geld. Damals sagte jemand zu mir: «Wie ich höre, habt ihr sechshunderttausend Dollar Schulden.» Ich korrigierte ihn: «Nein, wir haben keine Schulden. Wir könnten unseren Besitz für eine Million Dollar verkaufen. Nach Rückzahlung der Hypotheken würden uns also immer noch vierhunderttausend Dollar verbleiben. Wir haben nicht nur keine Schulden, wir haben sogar ein Vermögen von einigen hunderttausend Dollar.»

## 6. Um ein echtes Bedürfnis zu erfüllen, findest du immer Geld!

Dienen macht sich immer bezahlt. An diesen alten Leitsatz halten sich positiv denkende Menschen, wenn sie einem Geldproblem gegenüberstehen. Auch wir in unserer Gemeinde halten uns daran. Gelang es uns, das nötige Geld aufzunehmen und unsere Kirche zu verwirklichen, dann konnten wir mehr Gottesdienste abhalten, mehr Menschen mit unserer Botschaft erreichen. Und die zu erwartende grössere Kollekte müsste uns eigentlich die Verzinsung des aufgenommenen Geldes ermöglichen.

Unsere Überlegung erwies sich als richtig. Schon im ersten Jahr betrug die zusätzliche Kollekte mehr, als wir zur Verzinsung der Hypotheken benötigten. Mit anderen Worten: Das aufgenommene Geld hatte uns gar nichts gekostet. Es hatte uns geholfen, mehr Menschen zu dienen, und dadurch hatten sich unsere Einnahmen erhöht. Auch in den folgenden Jahren machten wir uns wegen unserer Hypothekenschuld nie Gedanken; wir überlegten uns lieber, wie wir unsere Dienste ständig verbessern konnten. Wenn man den Menschen dienen will und sich Mühe gibt, seine Sache recht zu machen, lösen sich alle Geldprobleme von selbst.

Die Innenstadt von Santa Ana in Kalifornien gleicht der Innenstadt vieler amerikanischer Städte. In den Aussenbezirken sind verlockende Einkaufszentren aus dem Boden geschossen, unter denen die Kaufleute der Innenstadt leiden. Grosse, einstmals prächtige Geschäfte wurden zu billigen Ramschläden, die hart um ihre Existenz ringen müssen. Trotz allen verzweifelten Anstrengungen gehen immer mehr von ihnen ein. Aber ein Geschäft gibt es in der Innenstadt, das besser läuft als je zuvor. Es ist die Eisenwarenhandlung meines Freundes Clark Dye. Er gründete das Geschäft vor zwanzig Jahren, und in all den Jahren liess er sich nie von der falschen Annahme täuschen, die am Untergang so vieler Geschäfte schuld ist, dass mit dem Wachsen einer Stadt die Einnahmen automatisch mitwachsen müssen. Er wusste, dass das Wachsen der Stadt für sein Geschäft ebensogut eine Gefahr bedeuten konnte, und er wusste, dass er immer eine Nasenlänge voraus sein musste, wenn er im unerbittlichen Konkurrenzkampf bestehen wollte. Er begann schon früh, sich auf Werkzeuge zu spezialisieren, und da Werkzeuge teuer sind, musste er Geld aufnehmen, um sein Lager ständig ausbauen zu können. Heute hat er weit und breit die grösste Auswahl; keiner seiner Konkurrenten kann es mit ihm aufnehmen. Es gibt einfach kein Werkzeug, das man bei ihm nicht findet, und weil seine Kunden das wissen, bleiben sie ihm auch treu. Sein Geschäft blüht wie nie zuvor, und noch keinen Augenblick hat er bereut, seinerzeit Geld aufgenommen zu haben.

Biete mehr als die andern, und du wirst Erfolg haben. Es ist keine Schande, wenn du dazu Geld aufnehmen musst. Eine Schande wäre vielmehr, einer guten Idee nicht zum Durchbruch zu verhelfen.

# 7. Du bekommst Geld, wenn du darum bittest!

Hilf dir selbst, dann hilft dir Gott! Eine der bedeutungsvollsten Bibelstellen ist vielleicht: «... und erhaltet nicht, weil ihr nicht bittet.» Unzählige Menschen können ihre Projekte nicht verwirklichen, weil sie nicht den Mut haben, um Hilfe und Unterstützung zu bitten. Jesus sagt: «Bittet, so wird euch gegeben werden; suchet, so werdet ihr finden; klopfet an, so wird euch aufgetan werden!»

Kürzlich erhielt ich den Besuch eines jungen Arztes und eines jungen Rechtsanwalts, die einer kleinen Kirchgemeinde angehören, die einfach nicht wachsen will, obwohl sie sich in einer stark bevölkerten Gegend befindet.

«Pfarrer Schuller, wir möchten wissen, warum unsere Gemeinde nicht wächst», fragten sie mich.

«Soll ich ehrlich oder höflich sein?» fragte ich zurück.

«Ehrlich.»

«Nun, meine Herren, soviel ich weiss, wurde Ihre Gemeinde von einigen Leuten ins Leben gerufen, die mit verschiedenem in ihrer bisherigen Gemeinde nicht mehr einverstanden waren. Stimmt das?» Meine Besucher nickten. «Ihre Gemeinde wurde also von Leuten gegründet, die gegen etwas waren, und darum fühlen sich auch nur Menschen angezogen, die gegen dieselben Dinge sind. Die Grundhaltung Ihrer Gemeinde ist gegen etwas, ist negativ; und eine negative Grundhaltung zieht die Menschen nicht an. Seien Sie positiv, seien Sie schöpferisch, seien Sie aufbauend – so werden Sie Menschen gewinnen.»

«Aber dazu brauchten wir Geld, und wenn wir das den Leuten sagten, hielten wir sie erst recht von unserer Gemeinde fern», gaben sie zu bedenken. «Das stimmt nicht», entgegnete ich. «In den letzten zehn Jahren mussten wir in unserer Gemeinde mehr als einmal um Geld bitten, und nie haben wir Gemeindeglieder verloren. Jedesmal haben wir neue dazugewonnen. Warum? Wir haben nicht einfach um Geld gebeten, sondern wir haben auch etwas geboten. Wir boten den Menschen die Möglichkeit, am Aufbau von etwas Grossartigem, in seiner Art Einmaligem mitzuwirken. Wir gaben ihnen die Gewissheit, gebraucht zu werden, und damit erfüllten wir eines der Grundbedürfnisse jedes Menschen.»

## 8. Erwähle Gott zu deinem Partner!

Dies ist vielleicht der Schlüssel zum Erfolg. Es bedeutet nicht, dass du automatisch reich wirst, wenn du dich an Gott hältst. Aber wenn du Gott zu deinem Partner wählst, wirst du reich an Einsichten, Ideen und Tatkraft werden, und das hilft dir weiter.

Nach einem Vortrag vor einer Vereinigung von Geschäftsleuten, wobei ich über die Entwicklung unserer Gemeinde und über unsere Pläne für die Zukunft gesprochen hatte, wurde ich gefragt: «Woher nehmen Sie den Mut, in so grossen Dimensionen zu denken?»

Ich gab zur Antwort: «Was für Pläne hätten Sie wohl, wenn Sie mit jemandem, dessen Mittel unbegrenzt sind, assoziiert wären? Wir sind es.»

Wähle Gott zu deinem Partner und gib Ihm Gelegenheit zu erfüllen, was Er verheissen hat: «Ich bin gekommen, damit sie Leben und reiche Fülle haben.»

## 9. Du kannst jederzeit von neuem beginnen!

Hast du einen finanziellen Zusammenbruch erlitten, dann halte dir vor Augen:

*Nichtstun ist entehrender als Misserfolg!*

Ich habe mehr Bewunderung für einen Menschen, der etwas unternimmt und dabei Schiffbruch erleidet, als für einen Menschen, der nie Schiffbruch erleidet, weil er nie etwas unternimmt. Es ist eine grössere Schande, nichts zu wagen, als etwas zu wagen und dabei zu scheitern.

«Und wenn ich Konkurs mache?» fragte mich einmal ängstlich ein Geschäftsmann.

«Natürlich wäre das sehr bedauerlich», antwortete ich, «aber es müsste nicht Ihr Ende bedeuten.

129

Viele Menschen haben Schiffbruch erlitten, ohne dass sie deshalb gebrochen wurden. Lesen Sie die Lebensgeschichten erfolgreicher Geschäftsleute, und sie werden sehen, dass viele von ihnen mindestens einmal gescheitert sind.»

# Zehn Ratschläge zur Kunst, Zeit zu haben

Wenn du Erfolg haben willst, dann
*hüte dich* vor der billigen Ausrede, die an so vielen
verpassten Gelegenheiten Schuld trägt: «Ich bin
zu beschäftigt»;
*hüte dich* davor, eine überstürzte, zuwenig durch-
dachte Entscheidung zu treffen und dich selbst zu
entschuldigen: «Ich habe keine Zeit, eingehender
darüber nachzudenken.»

*Der positive Mensch löst jedes Zeitproblem!*

Es ist schwer zu sagen, an wie vielen Miss-
erfolgen und Niederlagen nichts anderes schuld
ist als die Tatsache, dass Menschen nicht verstehen, mit ihrer Zeit richtig umzugehen.
- Wie viele Menschen leiden unter schlechter
  Gesundheit, weil sie nie Zeit haben, darüber
  nachzudenken, was ihrer Gesundheit dient,
  und weil sie sich nie die Zeit nehmen zu einer
  gründlichen ärztlichen Untersuchung?
- Wie viele schädliche Spannungen haben ihre
  direkte oder indirekte Ursache darin, dass Menschen nicht Herr ihrer Zeit sind und darum
  ihre Angelegenheiten nicht unter Kontrolle
  haben?

131

- Wieviel Geld geht Tag für Tag allein im Geschäftsleben verloren, weil Zeit vergeudet wird, weil Leute zu spät zur Arbeit kommen, weil die Arbeit nicht in der vorgesehenen Zeit vollbracht wird?
- Wie viele Ehen gehen in Brüche, weil die Partner nicht genug Zeit füreinander haben?
- Wie viele Studenten geben Jahr für Jahr ihr Studium ohne Abschluss auf, weil sie ihre Zeit vergeuden und daher nicht ans Ziel kommen?
- Wie viele Arbeitskräfte wechseln die Stelle, nur weil ihre Vorgesetzten keine Zeit für sie und ihre Probleme haben?
- Wie viele fadenscheinige Ausreden werden Tag für Tag einzig für Zuspätkommen ersonnen?
- Wie viele Menschen kommen Jahr für Jahr bei Verkehrsunfällen ums Leben, deren Ursache übertriebene Eile ist?

Wenn wir glücklich und erfolgreich leben wollen, müssen wir lernen, Herr unserer Zeit zu sein. Viele Menschen kommen nicht voran, weil sie nie gelernt haben, ihre Zeit einzuteilen. Viele Menschen bringen es zu etwas, weil sie sich in der Kunst, Zeit zu haben, geübt haben.

«Wie machen sie es nur? Wo nehmen sie bloss die Zeit her?» fragen wir uns, wenn wir Menschen begegnen, die ein riesiges Arbeitspensum erledigen und daneben erst noch Zeit für alle möglichen Interessen finden.

Wir wollen sehen, wie man sich in der Kunst, Zeit zu haben, weiterbildet – in dieser Kunst, die oft genug über Erfolg und Misserfolg entscheidet.

## 1. Lerne mit der Zeit zu rechnen wie mit Geld!

Was wir nicht für besonders wertvoll halten, sind wir leicht versucht zu verschwenden. Darum kann man nicht oft genug wiederholen: Zeit ist mehr als Geld. Genau wie Geld kann man auch Zeit sinnvoll anlegen oder sinnlos verschwenden. Richtig angelegt, dient uns Zeit dazu, Ideen zu entwickeln, Vorhaben zu planen, Probleme zu studieren, uns Wissen, Kenntnisse und Erfahrungen anzueignen. Dies bringt uns weiter und dem Erfolg näher.

Vielleicht würden wir uns des Wertes der Zeit besser bewusst, wenn wir eine Gebühr für verschwendete Zeit erlegen müssten. Vielleicht würden wir unsere Zeit besser nutzen, wenn wir dafür bezahlen müssten. Leider erscheint Zeit vielen Menschen als etwas Billiges, weil wir gratis und frei darüber verfügen können.

Einer meiner Freunde, der Jahre seines Lebens in einem Elendsgebiet Afrikas verbracht hatte, war entsetzt über das Mass der Verschwendung in Amerika. Er war schockiert, als er sah, was bei uns alles weggeworfen wird und wie bedenkenlos dies geschieht.

Wir erliegen gerne der Versuchung, mit allem, was im Überfluss vorhanden ist, leichtfertig umzugehen. Und zu viele Menschen scheinen anzunehmen, sie würden ewig leben, sie hätten noch Zeit im Überfluss. Es bleibt ja noch «so viel Zeit», etwas aus seinem Leben zu machen – doch plötzlich ist das Leben zu Ende, und die Möglichkeiten blieben ungenutzt.

Schon in meiner frühesten Jugend hämmerte mir meine Mutter den Satz ein: «Verlorene Zeit kehrt nie mehr zurück.» Ein anderes altes Sprichwort ist die logische Folge dieses Satzes: «Was du heute kannst besorgen, das verschiebe nicht auf morgen!» Es blieb für ewige Zeiten in meinem Gedächtnis haften, als ich die tragischen Worte eines sterbenden Schriftstellers las: «Mein Buch, mein Buch! Ich werde mein Buch nicht vollenden!»

Darum begann ich auch meine Lebensarbeit in der Annahme, ich würde vielleicht nicht lange genug leben, um alles zu vollenden, was mir aufgegeben sei. Wenn ich etwas von Bestand erschaffen wollte, musste ich mich beeilen. Und ich beeile mich unentwegt. Lebe ich deswegen in ständiger Anspannung? Keine Rede! Aber das mir selbst gestellte Ziel treibt mich voran, lässt mich meine Pläne nicht auf die lange Bank schieben. Die meisten erfolgreichen Menschen, die ich kenne, machen sich ohne Verzug hinter ihre Aufgaben. Je früher man beginnt, um so besser. Mach es ebenso! Verliere keine Zeit – beginne heute!

Arbeite jeden Tag, wie wenn es der letzte wäre. Das wird nicht nur über kurzem deine Leistungen steigern, es wird auch deine Kraftreserven erhöhen. Das Wissen um die Dringlichkeit einer Arbeit steigert die Arbeitskraft. Sicher ist dir schon aufgefallen, wie langsam arbeitende Leute oft energielos scheinen, während Leute, die wissen, dass Zeit mehr als Geld ist und entsprechend schnell arbeiten, vor Tatkraft sprühen. Rasches und zielbewusstes Arbeiten öffnet die Energiequellen des menschlichen Gehirns. Lahmes, undiszipliniertes Arbeiten erzeugt geistige und körperliche Müdigkeit.

Lerne also, mit der Zeit noch zielbewusster umzugehen als mit Geld!

## 2. Führe Buch über deine Zeit!

Jedes Geschäft rechnet mit seinem Geld und führt Buch darüber. Nichts ist wertvoller für dich als deine Zeit. Und doch – hast du dir schon einmal Rechenschaft gegeben, wie du sie ausgibst?

Wenn Leute sagen: «Ich habe keine Zeit», meinen sie in Wirklichkeit: «Ich glaube, ich habe keine Zeit.» Wenn sie gewissenhaft Buch führten, sähen sie, dass sie Zeit hätten.

In Istanbul habe ich einmal einen Kauf, an dem mir sehr gelegen war, fahrenlassen, weil ich glaubte, nicht genug Geld bei mir zu haben. Als ich später feststellte, dass ich noch genügend

Travellerschecks hatte, war es leider zu spät. Überlege zuerst, ehe du glaubst, für etwas keine Zeit zu haben.

Gib dir auch Rechenschaft, wofür du deine Zeit ausgibst. Schreibe einmal einen Monat lang gewissenhaft auf, wieviel Zeit du wozu brauchst. Du wirst erstaunt sein, zu sehen, wie verschwenderisch du mit deiner Zeit umgehst, und du wirst den Wert der Zeit besser erkennen.

Man hat festgestellt, dass Zeit heute ein weit grösseres Problem darstellt als noch vor einem Jahrhundert. Ist das bei den heutigen schnellen Verkehrsmitteln und zeitsparenden Einrichtungen nicht sonderbar? Sobald du begonnen hast, über deine Zeit Buch zu führen, wird dir dieses Phänomen verständlich werden. Meine Eltern lebten in der Zeit zwischen Pferdewagen und Automobil. Sie lebten auf dem Land, und zur Zeit des Pferdewagens gingen sie nur einmal wöchentlich in die Stadt, um einzukaufen. Dazu benötigten sie jeweils eine Stunde. Wieviel Zeit kosten uns heute unsere wöchentlichen Einkäufe?

### 3. Erstelle ein Zeit-Budget!

Du weisst nun, wie du deine Zeit ausgibst. Du weisst auch, wie viele Stunden ein Tag hat. Erstelle dir jetzt ein Zeit-Budget. Plane deinen Tag und halte dich an diesen Plan. Das wird freilich nicht immer leicht sein, denn immer wieder treten nicht voraussehbare Verschiebungen auf. Das darf uns aber nicht dazu verleiten, aufzugeben und wieder ohne Zeitplan zu leben. Das wäre das Dümmste, was wir tun könnten. Zeitverluste, die sich nicht einkalkulieren lassen, sind unvermeidlich.

Schreibe auf, was du heute erledigen *möchtest,* was du erledigen *kannst* und was du erledigen *musst.*

Das Wichtigste kommt zuerst, und am wichtigsten ist das, was sich dir heute und dann vielleicht nie mehr bietet. Es hat den Vorrang vor allem anderen.

Du wirst überrascht sein, wie vieles warten kann, von dem du glaubtest, es müsse unbedingt erledigt werden.

Trachte, deinen Tagesplan einzuhalten. Widerstehe der Versuchung, das an den Anfang deiner Liste zu setzen, was du am liebsten tun möchtest. Ohne Selbstdisziplin geht es nicht. Gewöhne dir an, nein zu sagen. Zu dir selber und zu andern, die deine Zeit unnütz beanspruchen wollen.

Befreie dich von der Vorstellung, man müsse jeden Telefonanruf beantworten und man müsse jedesmal zur Türe gehen, wenn es läutet.

Lerne auf freundliche, aber bestimmte Art nein zu sagen.

## 4. Sorge für ein ausgeglichenes Zeit-Budget!

Manch einer hat ein Vermögen gemacht, indem er sieben Tage in der Woche sechzehn Stunden lang hart arbeitete – aber er verlor dabei seine Frau und seine Kinder. Begehe nicht den Fehler, deinem Ehrgeiz so viel Zeit zu opfern, dass du bald auch zu denen gehörst, die zwar reich, aber einsam sind, wohlhabend, aber tot. Die Gesundheit von Körper, Geist und Seele, das Wohlergehen der Familie verlangen eine kluge Zeiteinteilung. Gott hat den Menschen so geschaffen, dass er einen Tag in der Woche der Entspannung und Erholung bedarf. Der Entspannung und Erholung für Körper und Geist.

Ein Irländer, dessen Name ich leider nicht weiss, schrieb einmal:

Nimm dir Zeit, um zu arbeiten; es ist der Preis des Erfolgs.

Nimm dir Zeit, um nachzudenken; es ist die Quelle der Kraft.

Nimm dir Zeit, um zu spielen; es ist das Geheimnis der Jugend.

Nimm dir Zeit, um zu lesen; es ist die Grundlage des Wissens.

Nimm dir Zeit, um freundlich zu sein; es ist das Tor zum Glücklichsein.

Nimm dir Zeit, um zu träumen; es ist der Weg zu den Sternen.

Nimm dir Zeit, um zu lieben; es ist die wahre Lebensfreude.

Nimm dir Zeit, um zu lachen; es ist die Musik der Seele.

Richard Woike erzählt in der Zeitschrift «Guide-posts», wie ein erfolgreicher Geschäftsmann aus dem bedeutendsten Buch, das je gedruckt worden ist, Erkenntnis schöpfte:

«Eines Sonntagmorgens tat ich das, was, wie ich glaube, bei Geschäftsleuten sehr verbreitet ist. Ich sass in der Kirche, meine Augen waren auf den Pfarrer gerichtet, doch meine Gedanken waren nicht bei dem, was er sagte. Sie spazierten durch die kommende Woche und befassten sich bereits mit den zu erwartenden Problemen. Plötzlich war mir, als wende sich der Pfarrer direkt an mich. ‹Und wie steht es mit dir?› fragte er, während er mir in die Augen blickte. ‹Wieviel Zeit widmest *du* der Bibel?›

‹So manche Geschäftsleute›, fuhr er fort, ‹finden Zeit, die Morgen- und die Abendzeitung zu lesen, Wirtschaftsmitteilungen, Zeitschriften und Bücher aller Art, aber sie finden keine Zeit, das Buch zu lesen, das alle für das bedeutendste halten, das aber nur wenige wirklich gelesen haben.›

Auch während des Nachmittags wurde ich das Gefühl nicht los, der Pfarrer habe seine Worte direkt an mich gerichtet. Es war mein Geburtstag, der Tag, an dem ich gewöhnlich neue Vorsätze fasse und Pläne für das vor mir liegende Jahr mache. Aber an diesem Tag hatte ich das nagende Gefühl, dass meine Pläne unvollständig seien, dass etwas Wesentliches fehle.

Einem plötzlichen Impuls folgend, ging ich ins Wohnzimmer und nahm die Bibel aus dem Bücherschrank. Ich betrachtete sie, als ob ich sie nie zuvor gesehen hätte, und es wurde mir bewusst, dass ich sie nie wirklich wahrgenommen hatte. Ich hatte auch nie darin gelesen.

Ich empfand grosse Lust, sie gleich in einem Zug durchzulesen. Aber ihr Umfang hielt mich ab, planlos ans Werk zu gehen. Zudem ging es mir auch nicht darum, die ganze Bibel zu lesen, nur damit ich sie gelesen hatte. Ich wusste, dass es ein wertvolles Buch ist, und ich wollte aus seiner Lektüre Gewinn schöpfen.

Der Pfarrer hatte erwähnt, er lese an jedem Wochentag drei Kapitel und am Sonntag fünf. An jenem Nachmittag überflog ich wahllos einige Kapitel und sah, dass sie verschieden lang waren. Mein Zeitplan würde mir aber keine täglich variierenden Lesezeiten erlauben. Rasch rechnete ich aus, dass ich bei einer täglichen Lektüre von dreieinhalb Seiten die Bibel in einem Jahr gelesen haben würde. Dafür brauchte ich zwanzig Minuten. Ich beschloss, zehn Minuten zuzugeben, um jeweils über das Gelesene nachzudenken.

Als ich an jenem Abend schlafen ging, richtete ich den Wecker eine halbe Stunde vor. Meine Frau fragte mich: ‹Hast du eine frühe Verabredung?› ‹Ja›, antwortete ich lächelnd.

Das war vor neunzehn Jahren. Nächsten Monat, am 19. Mai, werde ich damit beginnen, die Bibel zum zwanzigsten Mal zu lesen. Und ich bin sicher, dass ich ebensoviel Gewinn daraus ziehen werde wie beim ersten Mal.

Für mich ist der frühe Morgen die beste Zeit, um in der Bibel zu lesen. Im Haus ist es noch ruhig, mein Geist ist noch frisch und aufnahmefähig, und vor mir liegen die Stunden des Tages mit ihren Möglichkeiten, das Gelesene anzuwenden. Ich lese stets mit einem Bleistift in der Hand. Auch jetzt, beim neunzehnten Lesen der Bibel, stosse ich immer wieder auf Stellen, die mir unklar sind, besonders in den Propheten. Ich zeichne sie an, um mich später anhand von Bibelkommentaren mit ihrem tieferen Sinn vertraut zu machen. Dadurch ist die Bibel für mich auch zu einer Art geistigem Tagebuch geworden.

Ein Zeichen erinnert mich zum Beispiel an den Tag, an dem mein Bruder und ich wegen einer geschäftlichen Transaktion eine heftige Auseinandersetzung hatten und ich der Auffassung war, wir könnten nicht mehr länger zusammenarbeiten. In jener Nacht setzte ich eine kurze Rede auf, mit der ich unsere Partnerschaft beenden wollte. Am nächsten Morgen kam ich in meiner Bibellektüre zu der Stelle, wo Petrus den Herrn fragt: ‹Wie oft soll ich meinem Bruder, der wider mich sündigt, vergeben? Bis siebenmal?› Worauf Jesus antwortet: ‹Ich sage dir: Nicht bis siebenmal, sondern bis siebenundsiebzigmal.› Diese Lektion in unendlichem Vergeben liess mir die Tränen kommen. Und als ich meinen Bruder traf, wusste ich nicht nur, dass ich ihm vergeben hatte, ich bat ihn sogar, mir zu vergeben.

Ein anderes Zeichen erinnert mich an einen Freund, der ein Transportunternehmen besitzt, das er damals aufgeben wollte. ‹Ich habe nicht mehr genug Kunden. Meine Lastwagen stehen still, anstatt zu fahren. Ich kann nicht einmal mehr die Löhne bezahlen.›

Ich las gerade im Buch Hiob und fragte meinen Freund: ‹Glaubst du an Gott?›

Er sah mich misstrauisch an: ‹Doch, sicher.›

‹Glaubst du, dass die Bibel von Gott inspiriert ist?›

‹Ja›, antwortete er, immer noch argwöhnisch.

‹Was weisst du von Hiob?›

‹Ich glaube, er hatte schlimme Zeiten durchzumachen.›

‹Weisst du, dass auch er ein Transportgeschäft hatte? Er besass fünfhundert Rinder, und die vermietete er als Lasttiere an Leute, die umziehen oder ihre Felder bestellen wollten. Es ging ihm, wie du sagst, schlecht; er verlor alles. Auch er war drauf und dran, aufzugeben, als Gott ihm sagte, er solle ausharren und vertrauen.›

Mein Freund fragte: ‹Und dasselbe erwartest du jetzt von mir?›

‹Ich glaube, die beiden Situationen sind sich sehr ähnlich›, entgegnete ich.

Drei Wochen später telefonierte er mir. In der Zwischenzeit war er ständig unterwegs gewesen; jeden nur möglichen Kunden hatte er besucht. Auf Grund verschiedener neuer Transportverträge hatte er ein Bankdarlehen erhalten. Seine Angestellten arbeiteten wieder mit Hingabe und Freude, und er selbst sah voller Zuversicht in die Zukunft. ‹Dein Gleichnis von Hiob kam zur rechten Zeit›, sagte er. ‹Woher hast du es?›

‹Ich lese jeden Tag in der Bibel.›

‹Wo nimmst du bloss die Zeit dazu her?›

Ich sagte es ihm.»

## 5. Rechne mit Verzögerungen!

Rechne unbedingt Zeit ein für Verzögerungen und Unterbrechungen. Wer sein ganzes Einkommen aufteilt, ohne etwas für Unvorhergesehenes zu budgetieren, kann in Schwierigkeiten kommen. Genauso verhält es sich beim Zeit-Budget. Vor langer Zeit gab mir mein Vater einmal einen Rat, an den ich mich immer noch halte: «Wohin du auch fährst, rechne immer Zeit ein für einen Radwechsel!»

Rechne mit Verzögerungen – es kann dir das Leben retten, wenn du mit dem Wagen unterwegs bist, oder deinen Ruf, wenn du eine wichtige Verabredung hast.

*Verzögerungen bergen Möglichkeiten in sich!*

Verzögerungen und die Zeit, die wir dafür eingesetzt haben, können wir in vielen Fällen schöpferisch nutzen. Ein Freund von mir, der viel im Wagen unterwegs ist, hat immer ein Buch bei sich. Wenn er wegen Strassenbauarbeiten oder aus einem andern Grund irgendwo länger warten muss, nimmt er sein Buch zur Hand und liest. Anstatt sich zu ärgern, tut er etwas für seine Bildung. Das ist auch eine Möglichkeit, mit der heutigen Verkehrsmisere fertigzuwerden.

Mein Freund Maurice Te Paske ist Bürgermeister von Sioux Center. Jeder Einwohner der Stadt erhält von ihm zum Geburtstag eine Glückwunschkarte. Wo nimmt er die Zeit her? Nun, er hat die Karten immer bei sich, wenn er zu Veranstaltungen geht, an denen seine Anwesenheit erwartet wird. Sobald die bei solchen Anlässen üblichen Platitüden beginnen, die seine Aufmerksamkeit ja nicht erfordern, fängt er an, seine Geburtstagskarten zu unterschreiben.

Viele positiv eingestellte Menschen schaffen scheinbar Unmögliches dank den Verzögerungen, von denen sie annehmen, dass sie eintreten werden, und mit denen sie daher rechnen. Sie nutzen sie, anstatt sich darüber zu ärgern, und gelangen so erst noch in den Ruf eines beherrschten und ausgeglichenen Charakters.

Eines Morgens wartete ich in Grand Rapids auf das Flugzeug nach Chicago, von wo ich nach Los Angeles weiterfliegen wollte. Plötzlich ertönte der Lautsprecher: «Alle Passagiere mit Flug Nr. 711 bitte zur Information!» Dort erklärte uns ein freundlicher Beamter, dass der Flug wegen Nebels leider ausfallen müsse. Neben mir stand ein wichtig aussehender Mann, der sofort aufgeregt loslegte: «Wenn der Flug ausfällt, verpasse ich meinen Anschluss in Chicago. Dann erreiche ich in New York das Morgenflugzeug nach Zürich nicht mehr, und ich muss morgen unbedingt in Zürich sein!» Mit jedem seiner Worte hatte seine Erregung zugenommen. Ich sah ihm in die Augen und sagte lächelnd: «Auch ich werde meinen Anschluss verpassen. Offenbar haben wir beide dasselbe Problem.» Dann fügte ich hinzu: «Und wir haben beide eine grossartige Gelegenheit, uns zu prüfen, wie wir mit einer unangenehmen und misslichen Lage fertigwerden.» Das Gesicht des verhinderten Schweiz-Reisenden entspannte sich. Seine hochfahrende, herrische Haltung änderte sich, und mit ruhiger Stimme sagte er zu dem Mann hinter dem Schalter: «Sehen Sie bitte zu, was Sie tun können. Inzwischen schicke ich ein Telegramm nach Zürich, dass ich aufgehalten bin.» Er wandte sich ab und entfernte sich in Richtung auf den Telegrammschalter. Doch nach zwei, drei Schritten hielt er inne, drehte sich um und sagte zu mir: «Vielen Dank! Herzlichen Dank!» Und damit verwandelte er ein unerwartet aufgetretenes Problem in einen Sieg über sich selbst. Als er wegging, liess er etwas zurück – einen ausgezeichneten Eindruck!

## 6. Wäge deine Zeit!

Nicht alle Stunden haben gleichviel «Gewicht». Eine Stunde am frühen Morgen ist kostbarer als eine am späten Nachmittag. Am Montag bist du vielleicht geistig weniger rege, weniger dynamisch, weniger leistungsfähig als am Mittwoch. Finde heraus, welche Stunden welcher Wochentage deine kostbarsten sind. Plane, soweit dies möglich ist, die wichtigsten Arbeiten für diese Stunden.

Richard Neutra fand heraus, dass die sehr frühen Morgenstunden seine fruchtbarsten sind. Während Jahren begann er seine Arbeit um vier Uhr früh. Viele schöpferische Menschen bezeichnen die Stunden am frühen Morgen und am späten Abend als ihre besten. Das mag damit zusammenhängen, dass ihr Unterbewusstsein ruhig und ausgeglichen ist, weil es zu diesen «unmöglichen» Zeiten keine Störungen erwartet. Ein schöpferischer Geist ist in Perioden absoluter Entspannung am fruchtbarsten.

Wäge deine Stunden. Verlege deine wichtigsten Arbeiten auf deine besten Stunden, und du wirst leichter arbeiten als bisher.


## 7. Setze dich selber unter Zeitdruck!

Das beste Mittel, sich gegen die Versuchung zu schützen, Pläne hinauszuschieben, ist selbstgeschaffener Zeitdruck. Erzähle genügend Menschen, dass du dies oder jenes bis dann und dann tun willst, und du kommst nicht darum herum, es bald in Angriff zu nehmen.

Setze dir Fristen. Erstelle einen Zeitplan. Das schränkt wohl deine Freiheit ein, aber es zwingt dich, die Arbeit in der vorgesehenen Zeit zu vollenden.

Menschen mit schwachem Leistungswillen schützen sich gegen den Druck eines Zeitplans, indem sie keinen aufstellen. Wer sich an die Stufen eines Plans hält, wird unwillkürlich vorangetrieben.

## 8. Zeitmangel gibt es nicht!

Mit der Entschuldigung «Zeitmangel» solltest du vorsichtig umgehen. Überlege gut, ehe du etwas ausschlägst, weil du glaubst, du seiest zu beschäftigt und habest keine Zeit. Es wäre schade, wenn du dir deswegen eine vielleicht nie mehr wiederkehrende Gelegenheit entgehen liessest.

In der Tat finden wir fast für alles Zeit, wofür wir Zeit haben wollen. Auch wenn unerwartet etwas auftritt, an dem uns wirklich gelegen ist, finden wir einen Weg. Manchmal jedoch fühlen wir uns lustlos oder müde und abgespannt, und dann verschanzen wir uns gerne hinter der Ausrede: «Ich kann nicht – ich habe keine Zeit.» Wir werden aber lustlos bleiben, wenn wir uns nicht anregen lassen – und angeregt werden wir nur, indem wir teilhaben.

## 9. Hüte dich vor «Zeitsparern»!

Meine Frau behauptet, dass manche ihrer Zeitprobleme daher rühren, dass wir so viele zeitsparende Geräte gekauft haben. Sie glaubt, über mehr Zeit zu verfügen, als sie wirklich hat, und nimmt sich zuviel vor.

Wie steht es übrigens mit all den modernen Hilfsmitteln? Helfen sie uns tatsächlich Zeit sparen? Ich glaube, nur bedingt. Ein eigenes Auto zum Beispiel verführt doch dazu, mehr als nötig auszufahren. Es führt einen auch ständig in Versuchung, noch «rasch» das oder jenes zu besorgen. Man muss sich umziehen, die Schlüssel suchen, die Brieftasche einstecken, die Türe zuschliessen, den Wagen aus der Garage holen, fahren, einen Parkplatz finden, zum Laden gehen, warten, bis man bedient wird, zum Wagen zurückgehen, nach Hause fahren, parkieren, vielleicht wieder die Kleider wechseln. Statt «nur einer Minute» hat man eine halbe Stunde gebraucht. Und das Telefon! Was als spontaner kurzer Anruf begann, endet als zehn- oder zwanzigminütige Unterhaltung. Ja, oft ergeben sich daraus noch weitere zeitraubende Verpflichtungen, die nicht entstanden wären, hätte man den ersten Anruf vermieden, sofern er nicht unbedingt nötig war.

Manchmal scheint es, als ob sich Toaster, Waschmaschine, Staubsauger und alle übrigen «Zeitsparer» gemeinsam gegen uns verschworen hätten. Sie gehen alle zur gleichen Zeit kaputt. Wieviel Zeit geht doch verloren, bis man nur jemanden findet, der sie repariert, bis man sie hin und her gebracht hat, und wieviel Ärger ist damit verbunden! Gewiss, manche «Zeitsparer» sind wirkliche Zeitsparer. Aber lass dich nicht täuschen! Überschätze die Zeit nicht, die sie sparen. In vielen Fällen erleichtern sie lediglich die Arbeit, ohne wirklich Zeit zu sparen.

## 10. Glaube nicht, alles selber machen zu müssen!

Oft ist das Zeitproblem nichts anderes als das Resultat zu engen Denkens. Wir glauben, alles selbst erledigen zu müssen, anstatt nach jemandem Ausschau zu halten, der uns einen Teil der Arbeit abnimmt. Als Folge davon sind wir zu beschäftigt, um Probleme richtig durchzudenken, um sich bietende Möglichkeiten rasch entschlossen zu ergreifen, um wirklich zu leben.

Ich erinnere mich an ein Ehepaar mit fünf Kindern. Die Ehe ging schlecht, und die Eheleute baten mich um Rat. Der Haushalt war ein einziges Chaos. Die Frau war erschöpft und deswegen auch ständig gereizt und unbeherrscht. Die ganze Familie litt darunter. Was war dagegen zu tun?

Mein Rat war einfach – er lag geradezu auf der Hand! Die Frau war überarbeitet und brauchte ein Dienstmädchen. Die Leute konnten sich ohne weiteres ein Mädchen leisten, aber weder die Frau noch der Mann waren – so unglaublich das klingt – je auf diese naheliegende Idee gekommen. Ja, die Frau wehrte sich am Anfang sogar heftig dagegen. Sie konnte sich nicht vorstellen, dass jemand anders die Hemden ihres Mannes bügeln oder für die Familie kochen würde. Der Gedanke gar, dass sich jemand anders gelegentlich um ihre Kinder kümmern könnte, war ihr vollständig zuwider. Schliesslich willigte sie aber doch ein, und seither ist die Ehe wieder in Ordnung.

*Lass dir nie eine Gelegenheit aus Zeitmangel entgehen!*

Jedermann – Hausfrau, Arbeiter, Angestellter, Student, wer auch immer – kann von der Art und Weise lernen, wie erfolgreiche Geschäftsleute sich bietende Möglichkeiten zeitsparend überprüfen:

*1. Ist die Idee gut?*
Wenn ja, muss ich Zeit finden, sie weiterzuverfolgen.

*2. Bin ich der rechte Mann für diese Aufgabe?*
Wenn ja, überlege ich mir:

150

### 3. Woher nehme ich die nötige Zeit?

Verfüge ich in meinem Zeitplan noch über freie Zeit?

Kann ich irgendeine meiner bisherigen Aufgaben ausschalten, zurückstellen oder beschleunigen?

Kann ich am Morgen früher beginnen oder am Abend länger arbeiten?

Kann ich von einem Teil meiner bisherigen Aufgaben entbunden werden, um mich dem neuen Projekt zu widmen?

### 4. Soll ich die neue Aufgabe jemand anderem übertragen?

Vielleicht erfordert sie nicht meine speziellen Kenntnisse und Fähigkeiten; dann wäre es schade um meine Zeit. Vielleicht erfordert sie aber auch jemanden mit weitergehenden Kenntnissen und Fähigkeiten. Kurz: Wenn es richtiger ist, jemand anders mit der neuen Aufgabe zu betrauen, muss ich mir überlegen, wer dazu geeignet ist. Vielleicht muss ich jemand einstellen.

### 5. Wie lange steht mir die Möglichkeit offen?

Ist es klug, noch zuzuwarten, oder besteht die Gefahr, dass ich die Gelegenheit verpasse?

Wenn die Situation es erfordert, muss ich bereit sein, meine bisherigen Pläne und mein bisheriges Ziel zu ändern. Wenn die Situation es erfordert, muss ich auch bereit sein, unverzüglich zu handeln.

**6. Woher nehme ich das für das neue Projekt nötige Geld?**

Geld ist kein Problem! Zur Verwirklichung einer guten Idee findet man immer Geld.

Vielleicht muss ich nicht nur mein Zeit-Budget, sondern auch mein Geld-Budget der neuen Situation anpassen.

# Die Quelle jugendlicher Energie

«Manche Menschen besitzen mehr Energie und Tatkraft als andere. Gibt es einen Weg, wie ich zu mehr Energie und Tatkraft kommen kann?» Diese Frage stellte mir einmal ein sechzehnjähriges Mädchen.

Sie zeigt, dass Mangel an Energie nicht mit dem Alter eines Menschen zusammenhängt. Ein Teenager kann vor Energie sprühen – bittet man ihn aber um etwas, was er nicht gerne tut, dann erlahmt seine Energie, verschwindet all seine Tatkraft auf unerklärliche Weise. Einmal besuchte ich eine Dame von achtzig Jahren. Sie war sehr müde. Ihr Gesicht, ihre Arme und Beine, ihr ganzer Körper zeigte Zeichen dieser Müdigkeit. «Ich habe eine gute Nachricht für Sie», begann ich das Gespräch. Gleich wurde sie munter. «Was ist es?» fragte sie und begann plötzlich aufzuleben. Ihre Augen bekamen Glanz, ihr Gesichtsausdruck wurde lebhaft, ihr Körper straffte sich. Sie erwartete eine gute Nachricht, und das verschaffte ihr neue Energie.

«Sie bekommen Besuch aus New York», fuhr ich fort. Sie richtete sich in ihrem Lehnstuhl auf. Ihr Interesse war geweckt und damit auch ihre Vitalität. Ich nannte den Namen der Freundin, die sie besuchen kommen wollte, und stellte mit Freude fest, wie sich ihr ermatteter Körper mit neuer Kraft zu beleben begann. Später erzählte sie mir, wie sie in den beiden folgenden Tagen ihr Heim geputzt, Kuchen gebacken, herumtelefoniert habe, wie sie regelrecht unternehmungslustig geworden sei. Woher nahm sie diese Energie? Aus der freudigen Erwartung, aus ihrem darauf gerichteten positiven Denken.

Positives Denken ist eine mächtige Triebkraft. Hoffnungen und freudige Erwartungen entwickeln ungeahnte Energien. Erinnere dich, wie du als Kind in der Nacht vor einem Ausflug jeweils erregt warst. Wie hattest du Mühe, einzuschlafen. Wie früh erwachtest du, und wie freudig sprangst du aus dem Bett.

Positives, von Vorfreude, von Hoffnung und Zuversicht erfülltes Denken schafft Begeisterung, und

*Begeisterung schafft Energie!*

Der Weg ist einfach:

1. Fasse einen positiven Vorsatz.
2. Werde dir über die Art seiner Ausführung klar.
3. Begeistere dich dafür.
4. Handle – und deine Energiequellen beginnen zu strömen.

Begeisterung schafft Energie. Gewiss hast du das auch schon festgestellt. Ich konnte es bei unzähligen Sitzungen beobachten. Man unterhält sich über dies und jenes, bis sich aus einem belanglosen Gespräch eine positive Idee herauskristallisiert. Sie wird aufgegriffen, geprüft, weiterentwickelt, und plötzlich sitzen die sich bisher schläfrig räkelnden Mitglieder gerade. Nicht lange, und alle sind hellwach, sind voller Begeisterung und Tatkraft.

Nehmen wir an, es käme nun ein negativ eingestellter Mensch hinzu, der unter Hinweis auf allerlei Schwierigkeiten versuchte, das Projekt zu Fall zu bringen. Was würde geschehen? Nun, wenn man auf ihn hört, dann ist das Projekt erledigt; die Idee wird fallengelassen. Die Mitglieder lehnen sich wieder träge zurück, und einer sagt gähnend: «Ich beantrage, dass wir die Sitzung vertagen.» Lahm, lustlos und müde trollen sie sich davon.

Nehmen wir aber an, es käme kein negativ eingestellter Mensch hinzu oder er würde von den positiv denkenden zum Verstummen gebracht. Dann wird beschlossen, das Projekt weiterzuverfolgen, es werden Vorschläge und Ideen entwickelt, das Ganze nimmt bereits Form an, und voller Energie und Tatkraft begeben sich die Mitglieder auf den Heimweg.

Positives Denken ist das Geheimnis und die unerschöpfliche Quelle jugendlicher Energie. Warum spricht man überhaupt von jugendlicher Energie?

Ist es darum, weil junge Menschen in der Regel unternehmungslustiger sind als alte Menschen? Gibt es aber nicht auch junge Menschen ohne Ideale und Ziele, die in Wahrheit bereits alt und verbraucht sind, und besitzt nicht mancher Achtzigjährige mehr Energie als mancher Zwanzigjährige? Ein Achtzigjähriger, der noch voller Pläne und Ideen steckt, verfügt über weit mehr Kraft als ein Teenager ohne Ideal, ohne Ziel und ohne Plan. Positives Denken erzeugt Energie; negatives Denken schafft Energielosigkeit. So einfach ist das.

Ein positiv denkender Mensch reagiert auf einen positiven Vorschlag nie mit: «Ich bin zu müde.» Gar nie! Er fragt sich vielmehr: «Ist der Vorschlag gut?» Bejaht er diese Frage, dann ist er auch schon voller Tatkraft und Energie. Vielleicht weiss er gar nicht warum. Vielleicht ist ihm gar nicht bewusst, dass er das Geheimnis und die Quelle jugendlicher Energie entdeckt hat.

Positiv denkende Menschen findet man auf jeder Altersstufe. Ich habe welche kennengelernt, die vier, und andere, die über neunzig Jahre alt waren. Alle zeichneten sie sich durch das aus, was wir Jugendlichkeit nennen. Jugendliche Menschen sind unternehmend, begeisterungsfähig, allem Neuen aufgeschlossen.

Unter positiv denkenden Menschen bestehen keine Altersunterschiede. Wo sie beisammen sind, gibt es keine durch den Kalender gesetzte Schranken. Sie fühlen sich zueinander hingezogen durch ihre gemeinsamen Ideale, ihr gemeinsames Streben, ihre Vorsätze, Pläne und Interessen. Ihre positive Lebenseinstellung schmiedet sie zusammen und überbrückt jeden Altersunterschied. Für sie gilt eine andere Zeitrechnung. Ihr Denken macht sie alle gleich jung. Sie sehen sich umgeben von Möglichkeiten und finden auch die Wege, diese Möglichkeiten zu verwirklichen.

*Die Einstellung ist entscheidend, nicht das Alter.*

Ich besitze einen Brief von einem vierzehnjährigen Mädchen aus Texas. Sie schreibt: «Lieber Pfarrer Schuller. Ich wohnte früher in Anaheim und besuchte jeweils Ihren Gottesdienst im Drive-in-Kino. Ich will Ärztin werden und in ein Entwicklungsland gehen, um dort beim Aufbau eines Spitals zu helfen.
Ich bitte Sie nun, mir zu sagen, was ich tun muss, um diesen Plan zu verwirklichen. Es gibt nichts, woran mir mehr liegt. Ich weiss, dass es nicht leicht sein wird. Aber das spielt keine Rolle. Ich bin fest entschlossen, mein Ziel zu erreichen. Kann ich nach Abschluss meines Studiums als Missionarin für Ihre Kirche tätig sein? Sagen Sie mir bitte, welche Bedingungen ich erfüllen muss. Vergessen Sie nichts, denn ich möchte mich gewissenhaft vorbereiten. Ich habe sehr viel Energie, ich werde Sie nicht enttäuschen.»

Das ist ein positiv denkender Mensch von vierzehn Jahren!

Dr. Albert Schweitzer wirkte in voller Rüstigkeit bis über seinen neunzigsten Geburtstag hinaus. Die Liste des von ihm Vollbrachten und der ihm zuteil gewordenen Ehren ist lang. Aber er hörte nie auf, sich zu sagen, dass ihm noch viel zu tun bleibe. Bis zu seinem Tod arbeitete er in ungebrochener Aktivität am Manuskript eines neuen Buches.

Weil sie immer wieder neue Aufgaben vor sich sehen, denen sie sich nicht entziehen, werden positiv denkende Menschen nie alt.

Dr. Daniel Poling war mit über achtzig noch Chefredakteur der grössten konfessionell ungebundenen religiösen Zeitschrift Amerikas. Eine Aufgabe, die ihn Tag und Nacht in Atem hielt. Daneben flog er immer wieder für drei, vier Tage von New York nach Kalifornien, um dort Vorlesungen zu halten und Besprechungen zu führen. Woher schöpfte er diese Energie? Aus seiner Vorstellungskraft und seiner Begeisterungsfähigkeit. Sie liessen ihn immer wieder neue schöpferische und konstruktive Möglichkeiten sehen. Kein Wunder, wirkte er viel jünger als seine Jahre.

*Positives Denken ist der Jungbrunnen, nach dem viele so lange gesucht haben.*

*Der Mensch ist nicht alt, solange er noch Ideale hat.*

*Der Mensch ist jung, solange er noch neue Möglichkeiten sieht.*

Unsere Gemeinde zählt viele Menschen, die pensioniert sind oder sich aus ihrem Beruf zurückgezogen haben. Kaum einer von ihnen legt die Hände in den Schoss. Im Gegenteil! Jetzt widmen sie sich den mannigfachen Interessen, für die sie während Jahrzehnten keine Zeit fanden, und manche von ihnen entwickeln dabei Fähigkeiten, derer sie sich bisher selber nicht bewusst waren. Auch im hohen Alter leben sie ein erfülltes Leben. Kürzlich hielt ich an einer Universität an der Ostküste Amerikas einen Vortrag. Die positive Einstellung vieler der grossen Leute beeindruckte mich stark. Sie haben hohe Ideale und grossartige Ziele. Sie sind voller Erwartung, Tatkraft und Lebensfreude. Dort sah ich aber auch alte Leute zwischen achtzehn und vierundzwanzig. In ihrem Studium mögen sie tüchtig sein, aber ihre Lebenseinstellung ist armselig. Sie sind zynisch, pessimistisch, ohne Hoffnung für die Zukunft. Darum sind sie alt. Denn ein alter Mensch ist ein Mensch ohne Zukunft. Und unsere Zukunft bestimmen wir durch unsere Vorstellungskraft.

Wer sich etwas Sinnvolles ausdenkt, das er heute oder morgen tun kann, hat eine Zukunft. Es ist tragisch, wie viele Achtzehnjährige keine Zukunft vor sich sehen. Es fehlt ihnen an Vorstellungsvermögen, und sie denken negativ. Sie sehen nichts als Probleme, die ihnen wegen ihres Mangels an Vorstellungskraft als unüberwindliche Hindernisse erscheinen. Sie geben sich geschlagen, ehe sie zu kämpfen begonnen haben.

General McArthur sagte 1956 in Los Angeles aus der Erfahrung seiner reifen Jahre: «Du bist so jung wie deine Zuversicht, so alt wie deine Zweifel; so jung wie dein Vertrauen, so alt wie deine Sorge; so jung wie deine Hoffnung, so alt wie deine Verzweiflung. In der Seele jedes Menschen befindet sich ein Empfangsgerät. Solange es Botschaften der Schönheit, der Hoffnung, der Freude und des Muts aufnimmt, solange sind wir jung. Wenn es brachliegt und unsere Seele vom Schnee des Pessimismus und vom Eis des Zynismus zugedeckt ist, dann, und nur dann, sind wir alt.»

Mit von den schädlichsten Folgen negativen Denkens zeigen sich zweifellos in der weitverbreiteten Meinung, ein Mensch überschreite an einem geheimnisvollen Punkt irgendwo zwischen fünfundvierzig und fünfundsechzig den Höhepunkt seiner Laufbahn. Wieviel Schaden hat diese Auffassung doch schon angerichtet! Sie hat bei manchen unserer fähigsten Mitmenschen einen geradezu krankhaften Zwang erweckt. Kein Wunder, verlieren so viele Menschen in mittleren Jahren den Anreiz, aus ihrem Leben noch mehr zu machen. Kluge Köpfe, schöpferische Denker, überlegene Führernaturen werden gerade dann nachdrücklich angehalten, sich von ihren Aufgaben zurückzuziehen, wenn sie im Begriff sind, ehrenvoll die Reifeprüfung der Schule des Lebens abzulegen.

Bei den gewaltigen Fortschritten der modernen Medizin werden immer mehr Menschen sich bis zu ihrem Lebensende körperlicher Gesundheit erfreuen können. Mögen die Knochen auch schwächer werden – körperliche Gesundheit wird weitgehend durch unsere Geisteshaltung bestimmt. Dein Geist ist der Quell der Jugend – oder das Abwasser des Alters. Betrachten wir daher das «Alter» mit anderen Augen; revidieren wir unsere Einstellung gegenüber «alten» Menschen!

Dr. Henry Poppen, ein dynamischer Seelsorger unserer Gemeinde, ist über fünfundsiebzig. Er war immer ein durch und durch positiv denkender Mensch, und er ist es heute noch. Über vierzig Jahre lang war er in China als Missionar tätig gewesen, als er von den Rotchinesen gefangengenommen und als persönlicher Gefangener Mao Tse-tungs bezeichnet wurde. Endlich wurde ihm der Prozess gemacht. Der grauhaarige Missionar wurde auf einen öffentlichen Platz gebracht, wo über zehntausend Menschen Zeuge waren, wie er aller nur erdenklicher Vergehen angeschuldigt wurde. Es war nicht das erstemal, dass er sich in Gefahr befand. Er hatte schon den Japanern gegenübergestanden, als sie einige Jahre zuvor China angegriffen hatten. Überall auf der Welt beteten Menschen für den berühmten Missionar.

Ihre Gebete wurden erhört. Die Verhandlung endete zwar mit einem Schuldspruch, aber die Strafe wurde in lebenslängliche Verbannung umgewandelt. Man liess ihm vierundzwanzig Stunden Zeit, das Land zu verlassen.

Kurz darauf war er wieder in Amerika. Er war nun über sechzig Jahre alt. Er hatte etwas geleistet in seinem Leben und unzählige Prüfungen über sich ergehen lassen müssen. Seine Vorgesetzten beschlossen daher, er solle sich zurückziehen, er habe seine Pflicht erfüllt. Und tatsächlich war all das, was er durchgemacht hatte, nicht spurlos an ihm vorbeigegangen. Er war müde und abge-kämpft.

Eines Tages sandte ich ihm einen Brief: «Dr. Poppen, hier in Garden Grove gäbe es eine Menge Arbeit für Sie. Wie wär's?» Seine Tatkraft erwachte zu neuem Leben, seine Energie kehrte zurück. Bald hielt ich seine Zusage in Händen, nach Kalifornien zu kommen, «um zu sehen, wie ich diesem jungen Mann helfen kann». Dr. Poppen arbeitet nun schon einige Jahre bei uns, aber seine Tatkraft ist noch frisch wie am ersten Tag.

Manche alte Leute lassen sich vom Kalender einreden, ihre Energie sei erschöpft. Unbewusst erliegen sie der Versuchung, es gemächlicher zu nehmen.

Ein weiterer Grund, warum positiv eingestellte Menschen über unbegrenzte Energien zu verfügen scheinen, liegt darin, dass sie die Langeweile

nicht kennen, diesen gefährlichen Müdigkeits-
erreger. Was ist Langeweile anderes als Mangel an
Begeisterung? Übervorsichtiges Leben mit dem
Bestreben, bei allem und jedem auf sicher zu
gehen, führt meist zu Langeweile. Da lobe ich mir
den Wagemut positiv denkender Menschen.
Wenn sie eine günstige Gelegenheit wahrnehmen
oder von einer Idee gepackt werden, dann handeln sie, ohne sich vorher nach allen Seiten abzu-
sichern.

Positiv denkende Menschen sind bereit, etwas zu
wagen und wenn nötig Risiken zu übernehmen.
Ein neues Ziel erreichen bedeutet ihnen mehr als
Sicherheit. Wenn sie von einer Sache überzeugt
sind, sind sie bedingungslos dabei. Tatkraft und
Entschlossenheit sind ihre besonderen Merk-
male. Sie kennen die Monotonie nicht, in der so
viele übervorsichtige Menschen leben, die nie
etwas wagen.

Das erhält sie jung und dynamisch. Die Bereitschaft, Risiken zu übernehmen, ist ein Zeichen
junger und jung gebliebener Menschen. Junge
Menschen sind in der Regel wagemutig; ältere
Menschen neigen eher zu Bedenken. Wenn die
Bedenken immer wieder die Oberhand gewinnen,
dann hat das Alter an die Türe geklopft. Wenn die
Risikofreude schwindet und einzig das Streben
nach Sicherheit um sich greift, ist die Jugend
vorbei.

Warum ist die Freude, etwas zu wagen, in der

Jugend am ausgeprägtesten? Vielleicht weil es meistens noch nicht viel zu verlieren, dafür um so mehr zu gewinnen gibt. Es ist leichter, mutig zu sein, wenn man jung ist und den Weg nach oben noch vor sich hat, als wenn man alt und arriviert ist. Darum besteht immer die Gefahr, dass sich der Wagemut zurückzieht, wenn der Erfolg Einzug hält. Denn jetzt hat man etwas zu verlieren, und mancher mag sich sagen: «Lieber verzichte ich, als dass ich etwas riskiere.»

Einige der ängstlichsten Menschen, die ich kenne, sind solche, die es zu beachtlichem Wohlstand gebracht haben.

Sie leben in dauernder Unruhe und Sorge und in der ständigen Furcht, sie könnten ihr Geld falsch angelegt haben. Sie leiden heute unter einem weit stärkeren Gefühl der Unsicherheit als in ihrer Jugend. *Sie haben ein Vermögen angehäuft und dabei ihre Lebenskraft eingebüsst. Welche Tragik!*

Einer der unternehmendsten Männer, die je gelebt haben, war Theodore Roosevelt. Er war ein kühner, positiv denkender Mensch, und er hat einmal gesagt: «Es ist weit besser, sich an grosse Dinge zu wagen, auch wenn dabei ruhmvolle Siege mit demütigenden Niederlagen wechseln, als zu jenen armseligen Geistern zu gehören, die weder Freude noch Schmerz erfahren, weil sie in jenem grauen Zwielicht leben, das weder Sieg noch Niederlage kennt.»

# Zehn Schritte, wie man Energie entwickelt

## 1. Bist du wirklich müde?

Bist du sicher, dass du wirklich müde bist? Kürzlich verbrachten meine Frau und ich ein Wochenende am Meer. Wir lagen am Strand, und ich sagte zu meiner Frau: «Ach, bin ich müde.» Tatsächlich fühlte ich mich sehr abgespannt, hatte ich doch in den letzten Wochen hart und angestrengt gearbeitet. «Du bist nicht müde; du entspannst dich einfach», entgegnete meine Frau. Ich musste ihr recht geben, und sobald ich meinen Zustand selber mit «Bedürfnis nach Entspannung» statt «Müdigkeit» bezeichnete, fühlte ich mich als ein anderer Mensch. Oft ist das, was wir Müdigkeit nennen, in Wirklichkeit nichts anderes als ein Bedürfnis nach Entspannung oder Unentschlossenheit, Langeweile, Unzufriedenheit.

## 2. Kontrolliere deine körperliche Verfassung!

Vielleicht leidest du an Vitaminmangel oder an Mangel an Bewegung. Ich habe herausgefunden, dass mich ein Spaziergang regelmässig erfrischt und mir wieder Kraft und Energie gibt, wenn ich mich müde fühle. Zu Fuss gehen ist eine bei unserer sitzenden Lebensweise leider weitgehend verlorengegangene Kunst. Erlerne sie neu, denn Bewegung verschafft Energie!

Vielleicht leidest du an Übergewicht? Dann unternimm etwas dagegen, denn es beschleunigt die Müdigkeit.

### 3. Du besitzest verborgene Energie!

Wir alle verfügen über Kraft und Energie, die wir nie benutzen, weil wir gar nicht wissen, dass wir sie besitzen – bis wir sie tatsächlich einmal brauchen. Ich las die Geschichte eines Mannes, der einen schweren Lastwagen umgekippt hatte, um den Fahrer vor den Flammen zu retten. Man fragte ihn, wo er die fast unmenschliche Kraft hergenommen habe, und er gab zur Antwort: «Man weiss gar nicht, wie stark man wirklich ist, bis man seine letzten Kraftreserven einmal einsetzen muss.» Entdecke deine Reserven! Brauche all deine Energie!

### 4. Mach dich an die Arbeit!

Dass du dich nicht an die Arbeit machst, ist ein Zeichen fehlender Energie. Aber die Energie stellt sich meist erst dann ein, wenn wir zielbewusst an eine Aufgabe herangehen. Sie kommt, sobald wir uns dazu durchgerungen haben, mit der Arbeit zu beginnen. Fühlst du dich zu müde? Mach dich trotzdem an die Arbeit! Die Energie wird kommen. Zögern schafft keine Energie. Im Gegenteil, es raubt den letzten Rest von Tatkraft. Einsatz –

auch widerstrebender Einsatz – ist der erste Schritt, um die Müdigkeit zu vertreiben!

Ungewisse Ziele, unbestimmte Pläne, schwankende Ansichten versetzen uns in eine lustlose, matte Geistesverfassung. «Ich bin zu müde, um darüber nachzudenken» ist daher vielfach nichts anderes als eine bequeme Ausrede, sich mit etwas nicht befassen zu müssen. Solche Müdigkeit ist oft eine unbewusste Flucht vor der Notwendigkeit, Stellung zu beziehen und eine Entscheidung zu treffen. Sobald wir uns über den einzuschlagenden Weg klar geworden sind, verschwindet diese unechte Müdigkeit von selbst.

Energie stellt sich ein, sobald wir uns zielbewusst an die Arbeit machen.

## 5. Bringe System in deine Arbeit!

Auch die Vorstellung, überlastet zu sein, kann Müdigkeit hervorrufen. Wenn dich die Arbeit zu erdrücken droht und du nichts dagegen unternimmst, dann werden dich bald Unsicherheit, Mutlosigkeit und Niedergeschlagenheit plagen. Dein Geist wird deinem Körper aus Selbstschutz einreden, du seiest müde. Aber das ist nicht wahr! Du hast nur den Überblick verloren. Wirf allen überflüssigen Ballast, der bloss an deiner Kraft und deiner Zeit zehrt, über Bord. Lerne, zu allen Nebensächlichkeiten, zu allem Unwichtigen nein zu sagen! So wirst du wieder Herr der Lage, und deine Energie kehrt zurück.

## 6. Halte dich an tatkräftige Menschen!

Bestimmt ist dir schon aufgefallen, wie deine Energie dich verlässt, wenn du mit ewig klagenden, ewig sich selbst bemitleidenden negativ eingestellten Menschen zusammen bist. Und sicher hast du dir schon gesagt: «Dieses ständige Jammern macht mich müde.» Es ist tatsächlich so. Negativ eingestellte Menschen machen uns müde. Genauso kann dich aber auch dein eigenes Klagen, dein eigenes Lamentieren müde und kraftlos machen. Suche daher die Gesellschaft positiv eingestellter, anregender Menschen. Aus dem Umgang mit ihnen ziehst du Kraft.

## 7. Höre auf, dir einzureden, du seiest müde!

Früher habe ich mehr als einmal den Tag begonnen, indem ich mich «müde fühlte». Ich machte den Fehler, mir zu sagen: «Ich bin müde», und fasste so dieses trügerische, negative Gefühl in Worte. Was war die Folge? Ich war wirklich müde. Ich redete mir die Müdigkeit ja selber ein. Heute zwinge ich mich zu sagen: «Ich fühle mich erholt und ausgeruht. Mein Geist und mein Körper sind frisch gestärkt und für den neuen Tag bereit.» Nach dieser bejahenden Feststellung fühle ich mich jeweils voller Energie und Tatkraft.

## 8. Stärke deinen Geist regelmässig!

Wohl nichts ist dazu besser angetan als der wöchentliche Gottesdienst. Abertausende von Menschen gehen regelmässig zur Kirche, um ihren Geist zu stärken. Ein starker Geist gibt auch dem Körper Kraft. Stärke deinen Geist und dadurch deinen Körper! «Die auf den Herrn harren, empfangen immer neue Kraft, dass ihnen Schwingen wachsen wie Adlern, dass sie laufen und nicht ermatten, dass sie wandeln und nicht müde werden.»

## 9. Glaube an Gott!

«Gott der Herr ist meine Kraft.» – «Der Herr ist meine Stärke und mein Schild.» – «Alles vermag ich durch den, der mich stark macht.» Diese Bibelverse bekunden, dass Gott uns Kraft gibt. Wie ist das zu verstehen? Er vergibt uns unsere Sünden. Nichts schwächt uns mehr als Schuld. Fühlen wir uns innerlich frei, dann fühlen wir uns stark. Unterdrückte feindliche Gefühle, Groll, Eifersucht, Selbstmitleid, Langeweile und Gram sind

kräfteverzehrende Gefühle. Sie erzeugen Niedergeschlagenheit und geistige Müdigkeit. Körperliche Müdigkeit ist die unausbleibliche Folge.
Gott kann dich von diesen negativen Gefühlen
befreien und dich dafür mit Wohlwollen, Toleranz, Verstehen, Hilfsbereitschaft und Selbstlosigkeit erfüllen. Das sind Gefühle, die Energie und
Tatkraft erzeugen.

## 10. Sprich Gebete, die dich stärken!

Herr, nimm teil an meinem Leben. Erlöse mich
von meinen Sünden. Schenke mir Deine Liebe.
Ich weiss, dass Du mich in meinen schöpferischen
Gedanken begleitest. Ich weiss, dass Du mir die
Kraft gibst, die ich nötig habe. Ich fühle mich
stark; ich fühle mich voller Energie. Ich danke
Dir für die Kraft, die Du meinem Geist und meinem Körper schenkst. Bleibe bei mir, Herr, und
lass mich gute Werke vollbringen.

# Irgendwo ist immer jemand, der dir hilft

*Hast du eine gute Idee* – aber es fehlt dir an Geld, Zeit oder Kenntnissen, sie auszuwerten ...
*Hast du ein Problem* – aber du siehst nicht, wie es schöpferisch gelöst werden kann ...
Dann mag der wertvollste Hinweis, den man dir geben kann, in diesem einfachen Satz bestehen:

*Irgendwo ist immer jemand, der dir hilft!*

Wenn es scheint, als seien deine Schwierigkeiten unüberwindbar, als könnest du deine Chance nicht wahrnehmen, als lasse sich dein Traum nicht verwirklichen – dann lass dich nicht von negativen Gedanken beeinflussen, dann gib nicht auf! Bleibe positiv und denke daran, dass die Lösung vielfach darin besteht, die geeignete Person zuzuziehen. Irgendwo gibt es diesen Menschen, der dir helfen kann. Setze Himmel und Erde in Bewegung, ihn zu finden! Du magst Gott verlassen, aber Gott verlässt dich nie. Er hat Hilfe für dich in Bereitschaft. Aber du musst willens sein, an diese Hilfe zu glauben, entschlossen, sie zu finden, demütig, sie anzunehmen, und bereit, sie zu vergelten.
Ein Insasse eines Gefängnisses hat dies gelernt. Wohl selten hat sich jemand mehr allein und von

allen Menschen verlassen gefühlt als Bill Sands. Er war zu lebenslänglichem Zuchthaus verurteilt. Sein Vater war tot. Seine Mutter weigerte sich, auf seine Briefe zu antworten.

Als Bill eines Tages wieder wie so oft von grenzenloser Niedergeschlagenheit befallen war, öffnete sich die Zellentüre. Der Aufseher Clinton Duffy trat ein. «Warum versuchen Sie nicht, hier herauszukommen?» fragte er. Bill antwortete verbittert: «Warum auch? Niemand will etwas von mir wissen. Ich bin allen gleichgültig.»

Aufseher Duffy sagte mit fester Stimme: «Mir nicht.» Das war der Beginn des Wunders, das Bill Sands' Leben von Grund auf ändern sollte. Anstatt sich gegen den Aufseher aufzulehnen, lernte Bill von ihm – er lernte, was es heisst, ein sinnvolles und erfülltes Leben zu führen. Duffy half Bill auch bei der Wiederaufnahme seines Verfahrens. Drei Jahre später war Bill Sands ein freier Mann und ein anderer Mensch. Sechsundzwanzig Jahre später gründete dieser Mann – ein einst zu lebenslänglichem Zuchthaus verurteilter Sträfling – die Seventh Step Foundation, die heute für viele Strafgefangene der rettende Hoffnungsfunke bedeutet. Ganz Amerika ist Bill Sands dafür zu Dank verpflichtet.

Wo du auch bist, in welcher Lage du dich auch befinden magst, irgendwo ist immer jemand, der dir helfen kann. Er mag dir vielleicht als dein schlimmster Feind erscheinen – bis er sich als dein bester Freund erweist. Ist der Aufseher der Freund oder der Feind des Gefangenen? Es hängt von der Einstellung des Gefangenen ab.

Gott weiss immer jemand, der dir helfen kann. Irgendwo ist jemand, der dir helfen kann, deine Träume wahr werden zu lassen.

Selbst wenn du ausser deiner Idee noch das nötige Geld und die nötige Zeit hast, fehlt dir möglicherweise noch immer etwas Wesentliches zu ihrer Verwirklichung. Ich meine die Hilfe der Mitmenschen. Ohne sie wird es auf die Dauer nicht gehen.

*Grosse Ideen ziehen grosse Menschen an!*

Das bedeutet, dass du fähig und willens sein musst, mit anderen zusammenzuarbeiten. Solange du diese Tatsache nicht akzeptierst, wird sich dein Erfolg immer in bescheidenem Rahmen halten. Du wirst im Privatleben und im Geschäftsleben erfolgreicher sein, wenn du es verstehst, Menschen zu gewinnen und die Zusammenarbeit zu pflegen und zu fördern.

*Wie man die Hilfe findet, die man braucht*

«Die haben einfach Glück. Lauter gute Mitarbeiter – da ist es keine Kunst, Erfolg zu haben!» So hörte ich einmal einen selber nicht sehr erfolgreichen Geschäftsmann sich über die Konkurrenz äussern. Am liebsten hätte ich ihn gefragt: «Wieso arbeitet denn keiner von diesen guten Mitarbeitern bei Ihnen?» Wie kommt es, dass sich bei manchen Unternehmen die besten Leute von überallher zusammenfinden? Ist es lediglich eine Frage des Glücks?

Positiv denkende Menschen sind überzeugt, dass sie die fähigsten Menschen für ihre Sache gewinnen können, und sie wissen, dass ihnen daraus die Hilfe erwächst, die sie nötig haben.

Aber wie findet man die Hilfe, die man braucht? So:

## 1. Sei bereit, für die Hilfe, die du brauchst, angemessen zu bezahlen!

Man glaubt manchmal, sich diese oder jene Hilfe nicht leisten zu können. Dabei kann man es sich jedoch oft sehr viel weniger leisten, auf diese oder jene Hilfe zu verzichten.

Ich habe Ehen scheitern sehen, nur weil der Mann und die Frau glaubten, sich eine Eheberatung nicht leisten zu können. Die weit kostspieligere Scheidung konnten sie sich leisten.

Ich habe Geschäftsleute kennengelernt, die glaubten, sich den Ausbau ihres Betriebes nicht leisten zu können. Sie wurden von aufgeschlosseneren Konkurrenten überflügelt.

Ich kenne einen Fabrikanten, der glaubte, sich keine weiteren Vertreter leisten zu können. Kein Wunder, ging es mit seinem Betrieb bergab. Verkäufer sind der Lebensnerv jedes Unternehmens. Sei bereit, dich die Hilfe, die du brauchst, etwas kosten zu lassen. Gute Leute sind nicht billig – aber sie machen sich immer bezahlt.

## 2. Zusammenarbeit führt zum Erfolg!

Gute Mitarbeiter schaffen einem Unternehmen einen Namen. Der Manager unserer Tage ist nicht berühmt; er ist erfolgreich, aber sein Name ist meist kein Begriff. Es ist anders als vor hundert Jahren. Damals waren die grossen Unternehmer Einzelgänger, die ihren Weg allein gingen. Heute betrachten sich führende Leute als Glied einer Arbeitsgemeinschaft. Sie kämpfen um den Sieg der Mannschaft, nicht zu ihrem eigenen Ruhm und Glanz. Erfolgreiche Männer zeichnen sich nicht dadurch aus, dass sie alles selber machen, sondern dass sie es verstehen, ein gut eingespieltes Team um sich zu bilden.

## 3. Vergiss Status, Ruhm und Anerkennung!

Nichts ist der Zusammenarbeit so abträglich, wie das unsinnige Statusdenken und das Streben nach Ruhm und Anerkennung. Wer ihm verfallen ist, lässt sich von negativen Gefühlen leiten, statt vom Willen, der Sache zu dienen. Etwas vom Besten, was ich in dieser Hinsicht gelesen habe, ist der Satz:

*Gott kann Grosses vollbringen durch einen Menschen,*
*der nicht danach fragt, wem die Anerkennung zufällt.*

Der kluge und positiv eingestellte Vorgesetzte freut sich über den Erfolg seiner Mitarbeiter. Er sieht darin nie eine Bedrohung seiner eigenen Stellung. Ja, um seine Stellung und sein Ansehen hätte er gerade dann zu fürchten, wenn er im Erfolg seiner Mitarbeiter eine Bedrohung sähe. Er weiss, wie wichtig es ist, jeden Mitarbeiter am Erfolg teilhaben zu lassen.

### 4. Fördere deine Mitarbeiter!

Wenn du Mitarbeiter hast, gib ihnen Gelegenheit, sich weiterzuentwickeln. Die Arbeitsfreude und die Leistung jedes einzelnen steigt, wenn man seine Fähigkeiten anerkennt und fördert und ihm die Möglichkeit bietet, sich in immer bedeutenderen Aufgaben zu bewähren. Das gilt übrigens für jede Erziehungsaufgabe.

### 5. Gewähre Angehörigen und Mitarbeitern Selbständigkeit!

Wenn du nicht aus einem bestimmten Grund genaue Vorschriften erlassen musst, dann gewähre soviel Selbständigkeit wie möglich. Selbständigkeit erhöht die Arbeitsfreude und schafft mehr Verantwortungsbewusstsein als alle Vorschriften.

Ein schöpferischer Geist kann sich nicht entfalten, wenn er sich ständig kontrolliert fühlt und Schritt für Schritt Rechenschaft ablegen muss.

## 6. Halte deine Helfer bei der Stange!

Ein Geschäftsmann sagte mir kürzlich: «Einige meiner Mitarbeiter sind schon mehr als zwanzig Jahre bei mir.»

«Das bedeutet auch ein Kompliment für Sie selber», entgegnete ich. «Wie haben Sie es fertiggebracht, sie so lange zu halten?»

«Ich weiss, wieviel mich jeder Stellenwechsel kostet. Darum erlaube ich mir nicht einmal den Gedanken daran, dass ich einen guten Mitarbeiter verlieren könnte. Ich mache alles, dass sich meine Leute bei mir wohl fühlen. Ich bin mitunter auch zu Konzessionen bereit, weil ich weiss, dass ich dadurch vermeiden kann, alle paar Jahre neue Mitarbeiter einstellen und einarbeiten zu müssen. Das käme mich nicht nur teuer zu stehen; der ganze Betrieb würde darunter leiden.»

«Aber bestimmt geht es nicht jederzeit ohne Schwierigkeiten.» – «Natürlich nicht. Aber dann versuche ich eben zu helfen. Ich erkundige mich nach dem Grund der Schwierigkeiten und frage, ob und wie ich helfen kann. Ich schelte nie, und ich befehle nie. Ich versuche viel lieber, zu einer bessern Leistung anzuregen. Fehler, die ich nicht ganz ausmerzen kann, toleriere ich unter Umständen. Ich weiss aus Erfahrung, dass auch sie in einigen Wochen oder Monaten behoben sein werden. Jeder Mitarbeiter hat gewisse Schwächen. Warum soll ich die Schwächen des einen gegen die Schwächen eines andern eintauschen? Lieber versuche ich, den Mitarbeiter zu stärken, wo er schwach ist. Gelingt mir das nicht, dann prüfe ich, ob ich ihn woanders besser einsetzen kann.» Dieser Vorgesetzte weiss, wie man aus seinen Mitarbeitern ein Team bildet.

## 7. Lerne, auch mit schwierigen Menschen auszukommen!

Wir kommen immer wieder in die Lage, mit Leuten zusammenzuarbeiten, mit denen nicht leicht auszukommen ist. Das lässt sich einfach nicht vermeiden. Darum müssen wir lernen, auch diese Menschen zu schätzen und ihre Leistungen anzuerkennen. Wir dürfen sie nicht links liegen lassen. Betrachten wir den Umgang mit ihnen als eine gute Gelegenheit, uns in der Kunst der Menschenbehandlung weiter zu vervollkommnen!

## Zehn Ratschläge, wie man verhütet, dass sich Meinungsverschiedenheiten zu einem Streit auswachsen

*1. Begrüsse Meinungsverschiedenheiten!* Es gibt einen alten Wahrspruch: «Wenn sich zwei Partner

immer einig sind, dann ist einer von beiden über-
flüssig.»

Hast du etwas zuwenig bedacht, dann sei dankbar,
dass man dich darauf aufmerksam macht. Vielleicht gibt dir die Meinungsverschiedenheit Gelegenheit zur Korrektur, ehe du einen ernsthaften
Fehler begehst.

2. *Achte auf deine ersten Worte!* Die natürliche erste
Reaktion beim Auftreten einer Meinungsver-
schiedenheit besteht darin, sich zu rechtfertigen.
Hüte dich davor! Bleibe ruhig und achte auf deine
ersten Worte, damit du dir nicht selber ein
Hindernis aufbaust.

3. *Gerate nicht in Wut!* Ein Freund von mir, der
wegen seines ruhigen und ausgeglichenen Wesens
überall grosse Achtung geniesst, hat in seinem
Büro die Worte angeschlagen: «Die Grösse eines
Menschen kann man an dem ermessen, was ihn
wütend macht.»

4. *Lass dein Gegenüber ausreden!* Lasse ihn ausreden
und höre ihm aufmerksam zu. Protestiere nicht;
rechtfertige dich nicht; beginne nicht zu disputie-
ren! Das würde bloss Widerstand erwecken. Es
ist gescheiter, Brücken des Verstehens zu errichten
als noch höhere Schranken des Missverstehens.
Ständiges Unterbrechen regt einen ohnehin
schon gereizten Menschen noch mehr auf. Es

macht einen unsicheren Menschen rechthaberisch und angriffslustig. Wenn du ihm widersprichst, sucht und findet er nur noch mehr Gründe, warum er im Recht ist und du im Unrecht. Höre einfach höflich zu.

*5. Suche Punkte, in denen ihr einiggeht!* Gehe, nachdem du dein Gegenüber hast ausreden lassen, zuerst auf die Punkte ein, in denen ihr übereinstimmt.

*6. Stehe zu deinen Fehlern!* Komme dann auf das zu sprechen, was du falsch gemacht hast. Entschuldige dich für deine Fehler und versuche nicht, etwas zu beschönigen. Du entwaffnest dadurch dein Gegenüber, und sein Widerstand verringert sich.

*7. Versichere ihm, dass du seine Anregungen studieren wirst!* Meine es aufrichtig! Vielleicht ist er im Recht. Es ist immer besser, die Zusicherung zu geben, über seinen Standpunkt nachzudenken, als stur zu bleiben, so dass dein Gegenüber sagen könnte: «Ich habe versucht, es ihm zu erklären, aber er hat nicht einmal zugehört.»

*8. Danke aufrichtig für das Interesse, das man dir und deiner Sache entgegenbringt!* Wer sich die Zeit nimmt, sich mit dir über ein Problem zu unterhalten, ist daran und an dir interessiert. Betrachte ihn daher als jemand, der dir helfen will, und danke ihm für seine freundschaftlichen Gefühle.

9. *Bete um Beistand und Führung!* Ist dein Gegenüber gläubig, dann bitte ihn, mit dir zusammen zu beten. Scheint dir diese Bitte nicht angebracht, dann bete still für dich.

10. *Versuche, die Diskussion zu verschieben, und denke nochmals über das Problem nach!* Schlage vor, das Problem an einer neuen Zusammenkunft später am Tag oder am nächsten Tag eingehend zu diskutieren.

Bereite dich auf diese Zusammenkunft gut vor, indem du dir auf einige Fragen gewissenhaft Antwort gibst:

Hat mein Gegenüber recht? Teilweise recht? Inwiefern sind seine Überlegungen gerechtfertigt? Hilft meine Reaktion das Problem lösen, oder dient sie bloss, einen Fehler zu beschönigen? Vergrössert oder verkleinert mein Verhalten den Abstand zwischen mir und meinem Gegenüber? Fördert mein Verhalten den positiven Eindruck, den man von mir hat? Gewinne oder verliere ich? Welchen Preis muss ich bezahlen, wenn ich gewinne? Wird sich die Meinungsverschiedenheit von selber legen, wenn ich nicht mehr an dem strittigen Punkt rühre? Welche positiven

Möglichkeiten liegen für mich in dieser unerfreulichen Situation?

Überlege dir auch, was für Fragen du deinem Gegenüber stellen willst: Fragen, die dem Gespräch die Schärfe nehmen – «Glauben Sie, ich könnte dazu beitragen, das Problem zu lösen?»

Fragen, die Brücken schlagen – «Ich möchte Ihnen gerne helfen. Warum versuchen wir nicht, das Problem gemeinsam zu lösen?»

Fragen, die Geduld bewirken – «Warum nehmen wir uns nicht etwas mehr Zeit, um über das Problem nachzudenken?»

Fragen, die das Einvernehmen fördern – «Ich bin überzeugt, Sie haben gute Gründe für Ihre Überlegungen. Da ich sie nicht kenne, würden Sie sie mir darlegen?»

Fragen, die der Genauigkeit dienen – «Sie scheinen sehr eingehende Informationen zu besitzen. Woher haben Sie sie?»

Fragen, die an die Toleranz appellieren – «Ich sehe das Problem noch von einer anderen Seite. Darf ich sie Ihnen zeigen?»

Fragen, die schwache Punkte aufdecken helfen – «Sehen Sie irgendwelche Schwierigkeiten, die entstehen könnten, wenn wir nach Ihrem Plan vorgingen?»

Fragen, die dein Gegenüber an deinen Platz versetzen – «Was würden Sie an meiner Stelle tun?»

Fragen, die den Weg zu einem Kompromiss ebnen: «Welche anderen Möglichkeiten bestehen

Ihrer Ansicht nach?» – «Könnten wir sonst noch jemand um seine Meinung bitten?»

Fragen, die einen zeitlichen Aufschub bewirken – «Wenn es sich so verhält, wie Sie sagen, dann muss ich mir das Problem nochmals durch den Kopf gehen lassen. Würden Sie mir Zeit geben, damit ich mich mit anderen Lösungsmöglichkeiten vertraut machen kann?»

Menschen, die anderer Ansicht sind als du, sind nicht minder wertvoll. Habe darum Geduld mit ihnen, auch wenn du sie als mühsam empfindest. Geduld ist eine unbezahlbare Hilfe im Umgang mit problematischen Menschen. Sie hilft aber auch, scheinbar unüberwindliche Schwierigkeiten zu meistern.

Es ist erstaunlich, was Geduld vermag!

# Wie Geduld die Probleme lösen hilft

Du kannst Dinge vollbringen, die du nie für möglich gehalten hast, wenn du die nötige Geduld aufbringst. Wir Menschen sind ungeduldige Wesen. Der Drang nach sofort greifbaren Ergebnissen kann eine mächtige Triebkraft sein, aber wir müssen auch einsehen lernen, dass sich Berge von uns nicht über Nacht versetzen lassen.

Madame Curie machte nahezu vierhundert langwierige Versuche, ehe sie endlich Erfolg hatte. Die überwältigend schönen Tempel von Baalbek wurden in einem Zeitraum von zweihundert Jahren erstellt. An vielen der prächtigen Kathedralen in ganz Europa baute man während Jahrhunderten. Wenn du im Begriff bist, eine Idee zu verwirklichen oder ein Problem zu lösen, dann denke daran, dass Geduld ein entscheidender Erfolgsfaktor sein kann. Ja, sie kann der Schlüssel zum Erfolg schlechthin sein.

Ein Mensch, der erfahren hat, wie wichtig Geduld ist, ist Dr. Wilhelm De Nejs, der Leiter einer Blindenhilfsstelle. Ihm verdanken unzählige blinde Menschen, dass sie neuen Lebensmut gefunden haben.

«Können Sie sich einen Elektriker vorstellen, der gänzlich erblindete und der es heute in seiner

Arbeit mit seinen sehenden Berufskollegen durchaus wieder aufnimmt?» fragte mich Dr. De Nejs einmal.

«Wie ist das möglich?» entgegnete ich.

«Alles ist möglich, wenn ein Mensch Vertrauen und Geduld hat», war seine Antwort. Er erzählte mir, wie dieser Elektriker gelernt hat, seinen Beruf weiter auszuüben. Er hat gelernt, weisse und schwarze Drähte voneinander zu unterscheiden, ohne dass er sie sieht. Sie werden unterschiedlich gerollt in die Versandkisten verpackt. Dieser erste Hinweis half dem Mann, langsam und mit unendlicher Geduld sein Selbstvertrauen zurückzugewinnen. Heute arbeitet er so schnell und sicher wie ehedem.

Dr. De Nejs, der übrigens selber teilweise blind ist, hat Hunderten von Menschen Kraft und Mut zu einem neuen Start gegeben.

Er weiss aus eigener Erfahrung, wie entscheidend, ja lebenswichtig Geduld sein kann. Seine Familie lebte in Indonesien, und als Sukarno an die Macht kam, mussten sie fliehen. De Nejs' Vater war einer der führenden Männer Javas gewesen, und Sukarnos Leute machten nun Jagd auf die Angehörigen der ehemals herrschenden Familien.

«Fliehen Sie, ehe man Sie umbringt!» rieten wohlmeinende Freunde. «Nach Einbruch der Dunkelheit können Sie es mit Ihrer Frau zusammen in einer Schaluppe über das offene Meer nach Singapur schaffen, wenn Sie nur das Nötigste mitnehmen. Wir sorgen dafür, dass Ihr Wagen nach Singapur kommt.»

Heil in Singapur angekommen, machte De Nejs Pläne, um nach Holland zu gelangen, wo seine fünf Kinder studierten. Aber wie? Ausser seinem kleinen Wagen und einer bescheidenen Geldsumme besass er rein nichts mehr.

Er wurde zu einem Treffen des Rotary Clubs eingeladen, um über die Lage in Indonesien zu berichten. Dabei erzählte er auch von seinen Plänen: «Wir sind entschlossen, in unserem kleinen Wagen nach Holland zu fahren. Unterwegs werde ich versuchen, etwas Geld für unseren Lebensunterhalt und fürs Benzin zu verdienen. Von Holland hoffen wir dann nach den Vereinigten Staaten zu gelangen. Dort möchte ich mich mit neuen Methoden vertraut machen, wie man Menschen helfen kann, die wie ich ihr Augenlicht ganz oder teilweise verloren haben. Ich möchte diesen Menschen helfen, sich selbst zu helfen.»

Die Zuhörer waren von der Zuversicht, die aus seinen Worten sprach, tief beeindruckt. Einer von ihnen stellte sich ihm nach dem Vortrag als Direktor einer grossen Erdölgesellschaft vor. Er zog aus seiner Tasche eine gelbe Karte und überreichte sie Dr. De Nejs mit den Worten: «Ich bewundere Ihren Mut. Hier ist eine Kreditkarte. Damit können Sie Benzin und Öl auf meine Rechnung beziehen. Ihre Strasse endet allerdings siebzig Kilometer ausserhalb der Stadt, so dass meine Hilfe leider nicht weit reichen wird.»

Die De Nejs beluden ihren Wagen mit so viel Vorräten, wie er nur tragen konnte, und verliessen Singapur in nördlicher Richtung. Doch schon bald rief Frau De Nejs aus: «Wilhelm, die Strasse hört auf! Dein Bekannter hat recht gehabt.»

«Dann fahren wir eben über das offene Gelände», antwortete ihr Mann. «Wir haben massenhaft Zeit.»

Sie holperten über die Felder, aber es dauerte nicht lange, und die Räder begannen in dem durchweichten Boden hoffnungslos durchzudrehen.

«Und jetzt?» fragte die Frau.

Da kamen einige neugierige Bauern daher, die der ungewohnte Lärm angelockt hatte, den die wie wütend im Morast sich drehenden Räder vollführten.

«Wir sind unterwegs nach Holland!» rief De Nejs ihnen zu, und als sie näher kamen, klärte er sie über den Grund ihrer misslichen Lage auf.

Mit vereinten Kräften gelang es, den Wagen aus dem Morast und auf einen schmalen Elefantenpfad zu schieben. Auf Elefantenpfaden und – wenn es welche gab – auf notdürftigen Strassen durchquerten die De Nejs den Dschungel des Malaiischen Archipels. Immer wieder kamen sie an Wasserläufe, über die weit und breit keine Brücke führte. De Nejs vergewisserte sich jeweils, wie tief das Wasser war. Konnte er hindurchwaten, dann ging er wieder zurück und fuhr den Wagen durch das seichte Wasser. Oft war das aber nicht möglich. Dann montierte er in mühsamer Arbeit den Motor ab, verstaute ihn auf dem Dach des Wagens und schob den Wagen mit Hilfe seiner Frau durch das Wasser. Manchmal lockte ihr seltsamer Aufzug auch Eingeborene an, die ihnen halfen, ein Floss zu bauen, mit dem sie übersetzen konnten.

Immer weiter ging es, der berühmten Stillwell Road entgegen, auf der sie dann rascher vorwärtszukommen hofften. Aber Steinschlag, Überwucherungen und Nichtgebrauch hatten diese Strasse nahezu unpassierbar gemacht. Die De Nejs taten, was sie konnten. Sie räumten Geröll und Unterholz aus dem Weg und kämpften sich langsam voran. Endlich kamen sie an die Grenze von Pakistan, und geduldig setzten sie ihren Weg weiter fort, durch Ostpakistan und anschliessend durch Indien. Über den Khyber-Pass gelangten sie nach Afghanistan.

Dort waren die Nächte so kalt, dass sie manche Nacht das Kühlwasser in ein Gefäss ablassen mussten. Am Morgen mussten sie dann jeweils warten, bis das Wasser wieder aufgetaut war und sie es wieder einfüllen konnten.

Sie durchquerten den Iran und Irak und kamen an die syrische Grenze. Hier entschieden die Grenzwächter, dass ihre Papiere den syrischen Vorschriften nicht genügten, und verwehrten ihnen die

Einreise. Das war ein harter Schlag. Bedeutete er das Ende ihrer Reise?

Die beiden sassen in ihrem Wagen und beteten still in sich gekehrt. Da beugte sich ein Fremder, der ihre Lage erfasst hatte, durch das offene Fenster und sagte: «Warten Sie hier in der Nähe. Morgen oder übermorgen – irgendwann – wird ein Sandsturm kommen. Dann können Sie unbemerkt über die Grenze fahren. Niemand wird Sie sehen – und wenn auch –, man wird Sie bestimmt nicht verfolgen. Niemand will sein Leben riskieren. Diese Sandstürme können ein Kamel umbringen.»

So warteten die beiden geduldig in ihrem kleinen Wagen. Warteten und warteten. Eines Tages wischte sachte eine Handvoll Sand über die Strasse. Allmählich wurde daraus ein Sandtreiben. Erst schwach, dann immer stärker erhob sich der Wüstenwind, bis endlich der Sturm in blinder Wut tobte. Die Wächter zogen sich in das Grenzhaus zurück.

«Ich konnte das Grenzhaus nicht mehr sehen. Keine drei Meter weit sah ich mehr. Da liess ich den Motor anspringen und fuhr los. Niemand hielt uns auf. Niemand kümmerte sich um uns. Ich fuhr und fuhr, bis kein Zweifel mehr möglich war, dass wir uns im Landesinnern befanden. Dann warteten wir, bis der Sturm sich legte», erinnert sich Dr. De Nejs.

Von der Strasse sah man nichts mehr. Sie war mit

Sand überdeckt. Doch da entdeckten sie etwas, was ihr makabrer Wegweiser durch die Wüste werden sollte – die Beine toter Kamele, die in dem mörderischen Sandsturm umgekommen waren.

Mitten in der Wüste ging ihr Wasservorrat zur Neige. Tagelang erlaubten sie sich immer nur ein paar wenige Tropfen. Endlich kamen sie an eine Oase, aber das Wasser war bitter! Da tranken sie das schmutzige Kühlwasser ihres Wagens und ersetzten es durch das bittere Wasser der Oase.

Die Wüste lag hinter ihnen. Sie kamen in die Türkei. Dann nach Bulgarien und von dort nach Jugoslawien. Hier hatten sie ihren ersten und glücklicherweise einzigen Unfall. Auf einer engen Strasse verlor De Nejs die Herrschaft, und der Wagen landete im Strassengraben.

Die Reparatur dauerte ein paar Tage. Dann waren sie wieder unterwegs. Die Wagentüren hatten sie mit Draht festbinden müssen, und der Motor hustete und setzte abwechslungsweise aus, als sie an die österreichischen Alpen kamen. Mit Mühe und Not schafften sie es bis nach Deutschland. Auf der Durchreise besuchten sie die Automobilfabrik, aus der ihr Wagen stammte. Dort wurde er gründlich überholt. Als der Direktor von der abenteuerlichen Fahrt der De Nejs hörte, machte er ihnen die Instandstellung des Wagens zum Geschenk. Der Rest der Reise war kein Problem mehr. In zwei Tagen waren sie in Holland bei ihren Kindern.

Sie hatten es geschafft! Nach sechs Monaten, nach dreissigtausend Kilometern, nachdem sie Dschungel und Wüsten und Dutzende von Wasserläufen durchquert hatten, waren sie endlich am Ziel.

Woher hatten sie die Kraft geschöpft, um durchzuhalten, Kilometer um Kilometer, Monat um Monat?

«Wir hatten Gottvertrauen», sagt De Nejs heute strahlend. «Wir waren überzeugt, dass uns nichts unmöglich sein würde, solange wir unsere Zuversicht und unsere Geduld nicht verloren.»

Er hat recht. Wir können im Leben vieles erreichen, wenn wir die nötige Geduld aufbringen.

Eine lustige kleine Geschichte, die ich einmal gehört habe, hat auch einen tieferen Sinn:

Zwei Männer begegnen sich, und der eine sagt zum andern: «Hab' ich einen Hunger! Ich könnte einen Elefanten verschlingen!»

«Und wie willst du den Elefanten essen?»

«Biss um Biss.»

Ein arabisches Sprichwort sagt:

*«Geduld ist der Schlüssel zur Freude.»*

Die Menschen meistern das Leben erfolgreich, die gelernt haben, sich die Kraft der Geduld zunutze zu machen. «Du kannst Berge versetzen», hat Christus gesagt – aber Er hat nicht gesagt: «Von heute auf morgen.»

Eine Bekannte von uns war Mitte siebzig, als sie einen schweren Herzanfall erlitt. Der Arzt glaubte zuerst nicht, dass sie sich wieder erholen werde, doch allmählich ging es ihr etwas besser. Allerdings war der Arzt der Ansicht, dass sie nur dann länger als noch einige Monate leben werde, wenn es ihr gelänge, ihr Übergewicht von etwa dreissig Kilogramm loszuwerden. Und er zweifelte sehr, ob sie den nötigen Willen und die nötige Geduld aufbringen werde. «Aber das ist doch kein Problem!» sagte die alte Dame. «Ich muss einfach jede Woche ein Pfund abnehmen, und in einem Jahr sind die dreissig Kilogramm weg.» Sie bat den Arzt, ihr einen Diätplan aufzustellen. Gewissenhaft und geduldig hielt sie sich daran, und ihr Übergewicht verschwand. Sie lebte noch fünf Jahre bei bester Gesundheit.

Ein junger Mann wurde von seiner Frau geschieden. Er war völlig gebrochen, als er zu mir kam. «Wenn ich nur wenigstens mein Töchterchen zu mir nehmen könnte», war sein innigster Wunsch, «aber alle sagen mir, das sei völlig unmöglich. Die Gerichte würden es mir nie zusprechen.» – «Nichts ist unmöglich», ermunterte ich den Mann. Zwei Jahre dauerte es, bis man ihm die elterliche Gewalt über seine Tochter zusprach. Es war beglückend zu sehen, wie dieser Vater für sein Kind sorgte. Er war ihm Vater und Mutter zugleich. Tagsüber besorgte er den Haushalt und beschäftigte sich mit seinem Töchterchen, am

Abend ging er zur Arbeit. Eines Tages lernte er eine prächtige Frau kennen. Sie war verwitwet, und die beiden heirateten. Sie ist ihm eine unübertreffliche Frau und seiner Tochter eine grossartige Mutter.

Der Mann, von dem ich erzählte, heisst Norman Miner. Er war zu jener Zeit, als ich dort meine Gottesdienste hielt, Direktor des Orange Drive-in-Kinos. Später erzählte er mir einmal: «Als Sie dort zu predigen begannen, glaubte ich an keine höhere Macht. Nach zwei Jahren etwa begann es mich wunderzunehmen, worüber Sie Sonntag für Sonntag sprachen, und ich hörte mir in meinem Büro insgeheim Ihre Predigten an. Ich danke Gott jeden Tag aufs neue, dass Er damals mein Leben mit Glaube und Zuversicht erfüllt hat. Das hat mir in meinen schweren Zeiten geholfen, auszuharren.»

Alles in allem hat Norman Miners finstere Zeit vier Jahre lang gedauert. Oft muss ich daran denken, wie tragisch es gewesen wäre, wenn er damals die Geduld verloren und aufgegeben hätte.

Es gibt kaum ein Problem, das mit Geduld nicht gelöst werden kann.

Es gibt kaum einen Traum, der mit Geduld nicht verwirklicht werden kann.

Nehmen wir den Fall eines mir bekannten Jünglings. Er hatte Meinungsverschiedenheiten mit seinem Vater. Die beiden entzweiten sich und sprachen während Monaten kein Wort mehr miteinander. Der Sohn ging noch zur Schule, aber nun beschloss er, sie nicht abzuschliessen, sondern Soldat zu werden. In der Welt herrschte Unfriede, und Unfriede herrschte auch in seinem Herzen. Der Tag kam, da er einrücken musste. Als er mit seinem kleinen Koffer unter der Haustüre stand, vernahm er ein Geräusch. Er drehte sich um und fand sich seinem Vater gegenüber. Schweigend blickte der stämmige Mann auf seinen Sohn. Plötzlich traten Tränen in seine Augen, und er schloss seinen Jungen in die Arme. Die beiden wechselten kein Wort, aber sie hielten sich gegenseitig fest umschlungen. Dann machte sich der Sohn auf den Weg. Die Fenster des Autobusses waren beschlagen – oder waren seine Augen feucht? Eines war auf alle Fälle klar, und daran musste der junge Mann immer wieder denken: «Mein Vater hat mich all die Zeit geliebt, und ich habe es nicht gewusst.»

Die Jahre vergingen. Der zum Mann herangewachsene Soldat kehrte nach Hause zurück. Aber was konnte einer arbeiten, der die Schule vorzeitig verlassen hatte? Nun, er fand eine Stelle als Lieferwagenfahrer. Jahrelang fuhr er für eine Grossbäckerei.

Dann nahm sein Leben die entscheidende Wende. Gott trat in sein Leben. Und wenn Gott in unser Leben tritt, dann ändert sich unser Denken: «Ich möchte den Menschen helfen, sich im Leben besser zurechtzufinden», war seine Eingebung.

«Ich möchte Psychologe werden. Ich will Psychologe werden. Mag es auch lange dauern – ich werde Psychologe!» Heute, Jahre später, hat dieser Mann, Dr. Mead, eine psychologische Praxis, in der jedes Jahr Hunderte von geplagten Menschen Rat und Hilfe finden.

Wenn du in deinem Leben an einem Punkt anlangst, wo du glaubst, es gehe nicht mehr weiter, dann triff keine negativen, destruktiven Entscheidungen. Habe Geduld – die Zeit kann Wunder vollbringen!

In der Tat, Geduld ist einer der Schlüssel zum Erfolg.

Es braucht Geduld, um mit seinen Problemen fertigzuwerden.

Es braucht Geduld, um seine Träume wahr werden zu lassen.

Es braucht Geduld, wenn wir Antwort auf unsere Gebete erhoffen.

Positiv denkende Menschen sind Menschen, die daran glauben, dass Gott ihre Gebete erhört.

Er gibt uns auf mancherlei Weise Antwort:

1. Er gibt uns gleich, worum wir bitten.
2. Er gibt uns, worum wir bitten, Wochen, Monate, manchmal Jahre danach.
3. Er gibt uns nicht das, worum wir gebeten haben, sondern das, was wir eigentlich wollen. Denn manchmal sind wir uns gar nicht klar, was das wirklich ist.

4. Er gibt uns nicht das, worum wir gebeten haben, nicht das, was wir eigentlich wollen, sondern das, was uns zum besten dient.

Mir selbst wurde auf meine Gebete wiederholt auf wunderbare Weise Antwort gegeben. Ich habe erzählt, wie mein Traum von einem neuen Gotteshaus Wirklichkeit geworden ist. Als ich mich zum erstenmal näher mit meiner Idee zu befassen begann, hatte ich ein Grundstück im Kopf, das ich für meine Traumkirche als am besten geeignet hielt. Es lag nahe beim Stadtzentrum von Garden Grove, und in meiner Vorstellung war es der ideale Platz für unser neues Gotteshaus. Es hatte nur einen Nachteil: es war nicht zu verkaufen! Ich war jedoch voller Zuversicht, dass wir es bekommen würden, wenn ich Gott um seinen Beistand bat. Eines Sonntagnachmittags spazierte ich einmal mehr über das Grundstück, und ich schlug meine Bibel auf bei der Stelle: «Bittet, so wird euch gegeben werden.» Dann betete ich: «Herr, mach doch, dass dieser Eigentümer uns sein Land verkauft!» Ich ging nach Hause in der Gewissheit, dass wir das Land bekommen würden. Aber ich hatte mich getäuscht. Der Eigentümer war nach wie vor nicht bereit zu verkaufen – nicht einmal, als wir ihm drei Dollar für den Quadratmeter boten.
Monate später wurde uns das Grundstück angeboten, auf dem unsere Kirche heute steht, für 1,70 Dollar der Quadratmeter. «Das Grundstück

ist nicht schlecht. Nur schade, dass es am Stadtrand und nicht im Zentrum liegt», bemerkte einer meiner Freunde. Ich stimmte ihm zu. Dann wurden die Pläne für ein neues Autobahnnetz veröffentlicht. Unser Grundstück lag unmittelbar an der Stelle, wo drei neue Autobahnen zusammentrafen. Wir befanden uns zwar nicht im Zentrum einer Stadt mit hunderttausend Einwohnern, aber dafür befanden wir uns jetzt an einem Autobahn-Knotenpunkt mitten in einer Region von über einer Million Bewohnern. Gott hatte sich Zeit gelassen – doch dann antwortete Er auf mein Gebet so, wie es zu unserem Besten war.

Mir wurde einmal mehr bewusst, dass Gott nie verheissen hat, uns genau das zu geben, worum wir bitten.

Jemand hat einmal gesagt:

*Wenn Gott etwas aufschiebt, erteilt er keine Absage.*

Wie gelangen wir zur nötigen Geduld? Indem wir darauf vertrauen, dass Gott uns zur rechten Zeit auf die richtige Weise die richtige Antwort geben wird.

*Gott kennt den richtigen Zeitpunkt besser als wir.*

Mache ich zu schnell – mache ich zu langsam? Soll ich vorwärtsstürmen – soll ich warten? Wer von uns hat sich diese Frage nicht schon gestellt?

Bei allem, was wir unternehmen, ist von Bedeutung, den richtigen Entscheid zur rechten Zeit zu treffen.

Wenn wir Gott zum Partner haben, ergibt sich alles zur rechten Zeit.

Oft bringt Er die Gebete verschiedener Menschen miteinander in Zusammenhang. Indem Er eines beantwortet, gibt Er Antwort auf viele.

Ich habe es erlebt. Als ich um Erfüllung meines Traumes bat, baten andere Menschen in allen Himmelsrichtungen um Erfüllung gänzlich anderer Gebete.

In Indonesien bat ein Flüchtling, Maurice Wiggers, darum, irgendwie nach den Vereinigten Staaten zu gelangen, um dort Arbeit zu finden und ein neues Leben beginnen zu können.

In Singapur bat ein Missionar, Henry Poppen, darum, nach seiner Rückkehr nach Amerika weiter Gott dienen zu können.

In Kanada bat ein junger holländischer Einwanderer, Peter DeGraaf, um eine Gelegenheit, sich eine neue Existenz aufbauen zu können.

In Indiana bat ein junger Seelsorger, Harold Leestma, um eine Möglichkeit, Gott noch mehr Menschen näherbringen zu können.

Und in Michigan bat Pfarrer Kenneth Van Wyk um Führung und Beistand bei seiner Erziehungsarbeit an Jugendlichen.

Während Henry Poppen in Singapur betete, Maurice Wiggers in Indonesien, Peter DeGraaf in

Kanada, Harold Leestma in Indiana und Kenneth Van Wyk in Michigan, betete ich ungeduldig in Garden Grove. Warum erhörte Gott mein Gebet nicht? Warum machte Er es nicht möglich, dass wir jenes Land im Zentrum der Stadt kaufen konnten?

Heute weiss ich, dass Gott es so gerichtet hat, dass Er uns allen zugleich Antwort geben konnte. Denn heute ist Maurice Wiggers Verwalter unseres Gotteshauses. Dieses Gotteshaus ist die Antwort auf sein Gebet. Dr. Henry Poppen wurde nach seiner Rückkehr aus Singapur Seelsorger an unserer Gemeinde. Unser Gotteshaus ist die Antwort auf sein Gebet. Kenneth Van Wyk betreut unsere Jugendlichen. Unser Gotteshaus ist auch die Antwort auf sein Gebet, genauso wie für Harold Leestma, der ebenfalls bei uns als Seelsorger tätig ist. Peter DeGraaf ist der Künstler unserer Kirche. Auch für ihn ist sie die Antwort auf sein Gebet. Gott richtete es so, dass alle diese Gebete durch dasselbe Werk erhört wurden. Habe Geduld, verliere die Zuversicht nicht!

Versuche nicht, Gott zu drängen.

Lasse Gott Zeit, seine Wunder zu vollbringen.

Ich habe erlebt, wie Gott

Unstimmigkeiten löst,

Hoffnungslosigkeit zum Verschwinden bringt,

einsame Herzen mit neuer Liebe erfüllt,

Kummer und Schmerz wegwischt.

Gott kann dich aus deinem alten Trott reissen und

200

auf einen neuen Weg bringen – und über den Berg, den du für unpassierbar hältst –, wenn du die nötige Geduld hast.

Ich habe erlebt, wie Gott

aus jugendlichen Tunichtguten bedeutende Männer gemacht hat,

Kriminelle in rechtschaffene Bürger verwandelt hat,

Alkoholiker in verantwortungsbewusste Menschen.

Sie war die Frau eines dem Alkohol verfallenen Mannes. Als sie zu mir kam, schüttete sie mir ihr Herz aus und redete sich allen Schmerz von der Seele, der sich in den letzten fünfzehn Jahren angesammelt hatte. «Er ist auf und davon. Seit einer Woche ist er spurlos verschwunden. Ich weiss nicht, wo er ist, aber ich weiss, dass ich nun endgültig genug von ihm habe.»

«Wir wollen für Ihren Mann beten», sagte ich zu der Frau. «Herr, wo auch immer Jim ist, Du kannst ihn erreichen. Erlöse ihn. Rette ihn.» Es war alles, was ich tun konnte.

Wir wussten nicht, dass Jim zu jener Zeit in einem miesen Hotelzimmer in Chicago lag. Wir wussten auch nicht, dass bald darauf eine innere Wandlung mit ihm vorgehen sollte. Doch hören wir ihn selber. Hier ist der Brief, den er mir zehn Tage später schrieb:

«Lieber Pfarrer Schuller. Sie werden erstaunt sein, von mir einen Brief zu bekommen. Aber ich habe wirklich das Bedürfnis, mich bei Ihnen auszusprechen.

Ich bin Alkoholiker. Was ich im Zustand der Trunkenheit schon alles angestellt habe, ist kaum zu beschreiben. Ich habe gelogen, betrogen, gestohlen, geraubt. Vor nichts schreckte ich zurück.

Nun aber habe ich meinen Gott gefunden, meinen wahren Gott. Den Gott, von dem ich nicht erwartet hatte, er könnte mir meine Untaten je verzeihen.

Das kam so. Ich stellte mir die Frage: ‹Wenn ein Mensch zu mir käme und sein ganzes schmutziges Leben vor mir ausbreitete und mich bäte, zu wägen und zu richten – könnte ich, Jim Smith, ihm vergeben, wenn er aufrichtig bereute?›

‹Ja, ich könnte ihm vergeben›, war meine Antwort. So ergab sich die nächste Frage: ‹Wenn ich das kann, warum zweifle ich denn, dass auch Gott es kann?›

In meinem Leben war bisher kein Platz für Gott gewesen. Doch jetzt betete ich. Ich bat Gott, mir zu helfen. Die Antwort kam nicht mit Pauken und Trompeten, und ich vernahm kein lautes ‹Ja, mein Sohn, deine Sünden sind dir vergeben›, aber ganz sachte ergriff ein mir bisher unbekanntes Gefühl der Ruhe und Geborgenheit Besitz von mir.

Vorher war ich sieben Tage und sieben Nächte lang ununterbrochen betrunken gewesen. Jetzt bin ich schon sieben Tage und sieben Nächte nüchtern. Ich habe meine Frau angerufen. Sie sagte mir, sie habe mit Ihnen gesprochen. Ich weiss nicht, was zwischen Ihnen geredet wurde, aber ich weiss, dass eine höhere Macht uns wieder zusammengebracht hat. In ein paar Tagen werde ich genug Geld verdient haben, um zu meiner Frau und meinen drei Söhnen zurückkehren zu können.

Ich werde mir alle erdenkliche Mühe geben, ihre Liebe und ihr Vertrauen zurückzugewinnen. Und ich werde nie mehr straucheln – jetzt, wo ich weiss, dass ich jederzeit meinen wahren Vater um Beistand bitten kann.»

Gott hat auch hier ein Wunder vollbracht. Jim Smiths Leben hat sich von Grund auf geändert.

Der positiv denkende Mensch vergisst nicht,
dass auf jede Nacht ein neuer Tag folgt,
auf jeden Winter ein neuer Frühling,
auf Regen Sonnenschein,
auf Sünde Vergeben,
auf jede Niederlage eine neue Möglichkeit.

Vor einiger Zeit kam ein tüchtiger Geschäftsmann zu mir, den ich manches Jahr nicht mehr gesehen hatte. «Es ist schön, Sie wieder einmal zu sehen. Wie geht es Ihnen?» fragte ich ihn. «Danke, wieder ausgezeichnet», gab er mir zur Antwort. «Es hat eine Weile gebraucht, nach den verschiedenen Rückschlägen, aber jetzt bin ich wieder obenauf.» Erstaunt fragte ich ihn: «Was meinen Sie mit

Rückschlägen?» Da erzählte er mir seine Geschichte. Ein skrupelloser Partner hatte das Gesellschaftsvermögen vertan, und das Geschäft war insolvent geworden. Doch hören wir den Mann selber:

«Ich versuchte, die Gläubiger zu vertrösten, indem ich ihnen versprach, irgendwie werde es mir schon gelingen, jeden von ihnen mit Zins und Zinseszinsen zu bezahlen. Ich bat um Aufschub. Alle hatten Vertrauen in mich bis auf einen. Dieser war so unnachgiebig, dass mir nur der Konkurs blieb. Es war grauenhaft.

Ich fuhr zum Konkursgericht in Long Beach, und als ich das Gericht verliess, erlaubte man mir nicht einmal mehr, im eigenen Wagen nach Hause zu fahren. Er gehörte bereits zur Konkursmasse. Noch nie in meinem Leben war mir so elend zumute gewesen wie nun, als ich ohne einen Pfennig Geld und ohne meine Wagenschlüssel aus dem Gerichtsgebäude trat. Es blieb mir nichts anderes übrig, als per Autostopp nach Hause zurückzukehren. Ich stand am Strassenrand und machte die bekannte Bewegung mit dem Daumen. Ich hoffte, dass mich niemand sähe, der mich kannte, und dachte bei mir: ‹Was soll ich sagen, wenn mich jemand fragt, warum ich per Anhalter fahre?› Da hielt ein Lastwagen, und ich konnte einsteigen. Der Fahrer spürte wohl, dass ich niedergeschlagen war, und versuchte eine unbeschwerte Unterhaltung in Gang zu bringen.

Aber mir war nicht danach zumute. Ich fühlte mich erniedrigt und erledigt.

Als ich nach Hause kam, war mir klar, dass ich alles verloren hatte. Ich war Mitte fünfzig. Welche Zukunft hatte ich noch? Es sah düster aus. Da bat ich Gott um Beistand und Kraft. Während ich betete, war mir, als hörte ich eine Glocke läuten. Das erweckte in mir die Vorstellung, als sei ich ein Boxer im Ring, der niedergeschlagen worden ist und nun durch die Glocke zur nächsten Runde aufgerufen wird. Das war die Erleuchtung. Ich hatte ja nur eine Runde verloren! Der Kampf war noch nicht zu Ende. Ich war nicht erledigt, solange ich nicht aufgab. Und ich würde nicht aufgeben!

Ich würde Geduld haben. Ich würde meine Ruhe bewahren. Ich würde warten und mich nach neuen Möglichkeiten umsehen. Sie würden bestimmt kommen; sie mussten kommen. Ich war noch nicht am Ende. Noch lange nicht!»

Seine Geduld bewahrte den verzweifelten Mann vor verderblichen negativen Gedanken. Seine Begeisterungsfähigkeit kehrte zurück. Kein Wunder, fand er bald eine befriedigende Arbeit. Pflichtbewusste und begeisterungsfähige Menschen finden immer die richtige Beschäftigung. Nach und nach erholte er sich. Bald besass er auch wieder ein Auto, und als er zu mir kam, war ihm eben die Stelle des Verkaufsleiters eines grossen Industrieunternehmens angeboten worden mit einem

Gehalt von fünfzigtausend Dollar im Jahr. Heute hat er alle Schulden aus dem seinerzeitigen Konkurs bezahlt.

Denke daran:

*Du bist nicht besiegt, solange du Geduld bewahrst!*

# Wenn du keinen Weg mehr siehst – dann gib erst recht nicht auf!

Wenn es scheint, als vermöge alles Geld der Welt, alle Kraft auf Erden, alle Zeit der Ewigkeit dein Problem nicht zu lösen – was dann?

Wenn die Zukunft düster erscheint, beginnt der negativ denkende Mensch, sich selbst zu bemitleiden, er wird von Panik ergriffen und gibt auf.

Der positiv denkende Mensch hingegen verliert die Hoffnung nicht und hält durch.

Ein Jude, einer von den vielen, die sich vor Hitler verstecken mussten, hat dunkle Zeiten durchgestanden. Wir kennen weder seinen Namen noch sein Schicksal, aber wir wissen von seiner Zuversicht. Denn in die Kellermauer eines Hauses in Deutschland fand man die Worte eingeritzt:

«Ich glaube an die Sonne, auch wenn sie nicht scheint.

Ich glaube an die Liebe, auch wenn ich sie nicht fühle.

Ich glaube an Gott, auch wenn Er schweigt.»

Wenn die Lage hoffnungslos erscheint – verliere dennoch die Hoffnung nicht! Wenn du keinen Weg mehr siehst – dann gib erst recht nicht auf! Ich habe dies in jener Nacht gelernt, als uns der

Wirbelsturm heimsuchte. Es war nach meinem ersten Universitätsjahr, und ich befand mich seit einer Woche zu Hause bei meinen Eltern in Iowa. Den ganzen Nachmittag vernahmen mein Vater und ich bei der Arbeit auf dem Feld immer wieder ein furchtgebietendes Grollen, das von Westen her aus dem verdunkelten Himmel zu uns herübertönte. Es war ein unheimliches Geräusch; es hörte sich an, als ob ein nicht enden wollender Güterzug durch die Wolken donnerte. «Mir scheint, es ist ein Hagelschauer im Anzug», sagte mein Vater. Er fürchtete für seine wundervollen Rosen, und im verzweifelten Versuch, sie zu schützen, bedeckten wir jeden einzelnen Busch mit leeren Zubern und Kisten.

Es ging gegen sechs Uhr. Hastig beendeten wir unser Abendessen. Die Sonne war nun vollständig verschwunden. Es war, als ob sie von dem drohenden Unwetter, das im Westen aufzog, verschluckt worden wäre. Langsam und lautlos wie ein Tiger, der sein schlafendes Opfer anschleicht, kam der Sturm näher. Heisse Windstösse bliesen Wolken trockenen Staubs über die Landstrasse. Die Buchsbäume begannen sich unter dem Wind zu ducken. Draussen auf den Weiden hörte ich eine Kuh verzweifelt nach ihrem Kalb brüllen. Auch das Pferd, mit dem ich früher oft ausgeritten war, schien das nahende Unheil zu ahnen. Es stand aufrecht, den Kopf in die Luft gereckt, den Schweif leicht erhoben, die Nüstern gebläht, die

Ohren gestellt, wie wenn es nach der drohenden Gefahr aushorchen wollte.

Plötzlich trat eine pechschwarze Masse, etwa so gross wie die Sonne, aus dem dunklen Himmel hervor und formte sich zu einem langen, der Erde zugewandten Trichter. Einen kurzen Augenblick hing er wie eine Schlange in der Luft, die darauf wartet, dem unter ihr liegenden Opfer den tödlichen Biss zu versetzen. Vater rief meiner Mutter zu: «Jennie, es ist ein Tornado!»

Aufgeregt fragte ich: «Bist du sicher? Ist es wirklich ein Tornado?» Mein erstes Gefühl war eine freudige Erregung. Das würde etwas zu erzählen geben, wenn ich im Herbst an die Universität zurückkehrte! Der Trichter erschien mir so schmal, dass ich mir nicht vorstellen konnte, welche Raserei solch eine komische Wolke entfesseln konnte.

«Rasch! Mutter soll zusammenraffen, was sie kann, und zum Wagen kommen! Wir müssen schleunigst weg!» rief Vater mir zu.

Sekunden später rasten wir die Strasse entlang. Wir mussten zuerst einen Kilometer weit westwärts fahren – direkt dem aufkommenden Wirbelsturm entgegen –, ehe wir die Landstrasse erreichten, die südwärts, vom Sturm weg, führte. Wir schafften es. Drei Kilometer südlich parkierten wir unseren Wagen auf einer Hügelkuppe und schauten zu, wie die entfesselten Elemente ihre tödliche Kraft verbreiteten. In ein paar Minuten war alles vorbei. In der Luft hing Totenstille, aber die Gefahr war vorüber. Sachte begannen Regentropfen zu fallen. Ein milder, kühlender Regenschauer setzte ein, wie wenn der Himmel heilenden Balsam auf frische Wunden träufeln wollte.

Wir konnten nach Hause zurückfahren. Aber würden wir unser Haus noch vorfinden? An einer Strassenkreuzung hatte sich eine lange Wagenreihe angestaut. Neugierige standen tratschend beisammen und betrachteten interessiert ein vollkommen zerstörtes Bauernhaus. Ungewiss, ob unsere Farm verschont geblieben war, fuhren wir die Strasse entlang. Von den geknickten Telefonstangen weggerissene Drähte lagen kreuz und quer umher. Wir kamen an den Hügel, der die Sicht auf unser Anwesen verdeckte. Hinter diesem Hügel hatten wir jeweils schon den Giebel unserer Scheune hervorlugen sehen. Jetzt nicht. Noch bevor wir die Anhöhe erreicht hatten, wussten wir, dass unsere Scheune weg war. Jetzt waren wir auf dem Hügel. Jetzt konnten wir es sehen. Alles war weg. Wo eine knappe halbe Stunde zuvor neun leuchtend weiss gestrichene Gebäude gestanden hatten, stand keines mehr. Wo Leben geherrscht hatte, herrschte Totenstille. Alles war weg. Alles war tot. Wir waren wie betäubt; unsere Gedanken drehten durch. Nur noch die weissen Fundamente starrten aus der blankgefegten schwarzen Erde. Nirgends lagen Trümmer. Alles war aufgesogen und davongetragen worden. In der Einfahrt lag ein totes Schwein. Drei kleine Ferkel, die noch lebten, saugten an der Brust ihrer toten Mutter. Von weit her hörten wir das Übelkeit erregende Stöhnen des sterbenden Viehs. Dann sah ich mein Pferd – sein Bauch war aufgeschlitzt.

Niedergeschmettert sassen wir im Wagen. Mein Vater war über sechzig und hatte sechsundzwanzig Jahre lang hart gearbeitet, um seine Farm zu halten. Bald waren wieder die Hypothekenzinsen und Amortisationen fällig. Es schien, als gäbe es keine Möglichkeit, unseren Besitz zu retten. War all die Mühe der ganzen sechsundzwanzig Jahre vergebens gewesen?

Bedrückt sah ich auf meinen Vater. Das Grauen stand ihm in den Augen, und verzweifelt umklammerten seine blaugeäderten Hände das Steuerrad. Plötzlich begann er wie wild auf das Steuerrad loszuschlagen und zu schreien: «Alles ist weg! Jennie! Jennie, alles ist weg! Sechsundzwanzig Jahre, Jennie, und in zehn Minuten ist alles weg!» Dann stieg er aus und hiess uns warten. Wir schauten ihm nach, wie er, auf seinen Stock gestützt, das kahlgefegte Grundstück abschritt.

In unserer Küche hatten wir ein Schild hängen gehabt, wie man es früher oft hängen sah, mit den Worten: «Schau vorwärts – nicht zurück!» Mein Vater fand ein Stück dieses Schildes und brachte es uns. Darauf stand noch geschrieben: «Schau vorwärts …» Das war Gottes Botschaft an meinen Vater. Schau vorwärts! Schau vorwärts!

211

Gib nicht auf! Harre aus und stehe es durch! Und er stand es durch. Die Leute dachten, mein Vater sei erledigt. Aber sie täuschten sich. Mein Vater war nicht erledigt, weil er nicht aufgab. Er besass die nie versiegende Kraft des Vertrauens, diese Kraft des Vertrauens, die weiss, dass der Glaube Berge versetzen, Wunder bewirken, Probleme lösen, die Lage ändern kann. Und mein Vater besass diese Zuversicht. Darum gab er nicht auf. Zwei Wochen später entdeckten wir in einem Nachbarstädtchen ein altes Haus, das auf Abbruch verkauft wurde. Ein Gebäudeteil war noch zu haben, und wir kauften ihn für fünfzig Dollar. Sorgfältig brachen wir ihn Stück für Stück ab. Jeden Nagel und jede Schindel legten wir fein säuberlich beiseite. Und aus diesem Abbruch-material bauten wir dort, wo einst unser schönes Wohnhaus gestanden hatte, ein kleines, beschei-denes neues Haus; und nach und nach wurden auch die übrigen Farmgebäude wieder aufgebaut. Der Tornado hatte neun Farmen im Umkreis zer-stört, aber mein Vater war der einzige, der seine Farm von Grund auf wieder neu aufbaute. Ein paar Jahre später zogen die Preise für landwirt-schaftliche Produkte an; es begann den Farmern langsam besser zu gehen. In fünf Jahren war unsere Farm völlig schuldenfrei. Mein Vater starb als ein wohlhabender Mann. «Niemand, der seine Hand an den Pflug legt und zurückblickt, ist taug-lich für das Reich Gottes.»

Jemand hat einmal gesagt:

*Grosse Menschen sind ganz gewöhnliche Menschen mit einem aussergewöhnlichen Mass an Beharrlichkeit.*

Die meisten Menschen, die angesichts unlösbar scheinender Probleme nicht verzagen, sind Menschen, die gelernt haben, nie aufzugeben.

Wenn alle deine Pläne unbarmherzig zunichte gemacht worden sind – was dann? Hüte dich davor, etwas nachzutrauern, was du verloren hast. Wenn du das tust, wirst du nur mutlos und niedergeschlagen.

Denke nicht an das, was du verloren hast, sondern an das, was dir geblieben ist.

Ein Freund erzählte mir von seinem Besuch in einer Leprastation in Japan. Viele der Patienten, die ihr Augenlicht verloren hatten, lernten nach der Brailleschrift lesen. Einem Patienten gelang es freilich nicht, weil seine Fingerspitzen durch die Krankheit so unempfindlich geworden waren, dass er die Erhebungen der Blindenschrift nicht wahrnehmen konnte. Gab er deswegen auf? Natürlich nicht! Er versuchte es mit den Zehen! Aber auch in seinen Zehen war das Gefühlsempfinden erloschen. Jetzt musste er wohl oder übel aufgeben? Keine Rede davon! Heute liest er Blindenschrift so geläufig wie seine Mitpatienten. Wie denn? Mit der Zunge.

William James hat als erster darauf hingewiesen,

dass es verschiedene Schichten der Müdigkeit gibt, die in Abständen von verschiedener Zeitdauer wie Wellen auf uns zukommen. Jedesmal, wenn wir eine überwinden, erwachen unsere matten Lebensgeister zu neuer Kraft, stärker und dynamischer als zuvor. Wenn es scheint, als könntest du nicht mehr – gib nicht auf!

A.J. Cronin erzählt, wie es zu der entscheidenden Wende in seinem Leben kam. Er war ein erfolgreicher junger Arzt, als ihn eine ernsthafte Krankheit zu einem sechsmonatigen Kuraufenthalt im schottischen Hochland zwang. Da kam ihm eines Tages der Gedanke: «Das ist ja eine einmalige Gelegenheit! Magengeschwür hin oder her – ich schreibe einen Roman.» Er ging ins Dorf, kaufte sich eine Menge Papier und setzte sich hin, um einen Roman zu schreiben. Drei Stunden sass er am Tisch, kaute am Bleistift und wartete auf eine Eingebung. Beim Mittagessen fand er, seine Idee sei nichts wert gewesen und er wolle die Sache lieber bleiben lassen. Doch da erinnerte er sich an den Rat eines ehemaligen Lehrers, der seine Schüler stets zu Beharrlichkeit in allen Dingen angehalten hatte, und so machte er sich nach dem Mittagessen wieder an die Arbeit.

Drei Monate lang mühte er sich ab. Er schrieb, schrieb um, schrieb neu, bis ihn ungefähr bei der Hälfte des Romans ein Gefühl der Zwecklosigkeit überkam: «Warum plage ich mich mit etwas, wozu ich kein Talent habe? Überhaupt bin ich hier, um mich zu pflegen und zu erholen!» Dann warf er das Manuskript in den Mülleimer und spazierte erleichtert hinaus in den schottischen Nieselregen.

Am Seeufer traf er den alten Angus, der damit beschäftigt war, mühsam einen Fleck Sumpfland umzugraben. Cronin erzählte dem alten Bauern, mit dem er sich während seines Aufenthalts ange-freundet hatte, er habe sein Manuskript wegge-worfen; er gebe auf; er habe einfach nicht ge-nügend Talent zum Schriftsteller. «Bestimmt haben Sie recht und ich habe unrecht», sagte da der alte Angus, «aber es kommt mir vor wie bei diesem Stück Land hier. Mein Vater grub es immer wieder um, und ich grabe es immer wieder um, und bis heute ist noch kein Wiesenland daraus geworden. Aber das verdriesst mich nicht. Mein Vater wusste und ich weiss, dass es eines Tages brauchbares Land wird, wenn man es nur immerzu fleissig umgräbt.»

Diese Worte stachelten den jungen Arzt an. Er ging ins Haus zurück, zog das Manuskript aus dem Mülleimer, trocknete es auf dem Küchen-ofen und machte sich wieder an die Arbeit. Einige Wochen darauf war der Roman beendet. Er sandte ihn einem Verleger und dachte nicht mehr daran. Der Roman hiess: «James Brodie, der Hut-macher, und sein Schloss.» Er wurde in neunzehn Sprachen übersetzt und in drei Millionen Exem-plaren verkauft.

Gott allein mag wissen, wie viele gute Manuskripte verbrannt worden sind, wie viele zündende Ideen im Papierkorb gelandet sind, wie viele grosse Pläne und Projekte nicht verwirklicht worden sind, weil ihre Schöpfer vorzeitig aufgaben.

In unserem Leben gibt es immer wieder Zeiten, da es unsinnig scheint, weiterzumachen. Wenn der gesunde Menschenverstand dir eingeben möchte: «Werde endlich vernünftig! Es hat doch keinen Sinn. Hör auf!» – dann sei auf der Hut! Denn dies kann der entscheidende Augenblick sein. Damals, als alle meine engeren Mitarbeiter resignierten, hätte ich ja auch aufgeben können. Ich gab nicht auf. Ich fand die Kraft des Vertrauens, um durchzuhalten. Vielleicht habe ich damals unbewusst auch an die Worte gedacht, die ich Jahre vorher hin und wieder von meinem Grossvater hörte.

Er war aus den Niederlanden eingewandert und hatte sich in der noch unberührten Prärie von Iowa als Pionier angesiedelt. Er kaufte einen Pflug und begann, das jungfräuliche Land zu bestellen. Dabei erwies es sich bei jedem neu anzulegenden Feld als recht schwierig, die erste Furche schön gerade zu ziehen, da ja noch kein Ackerrand da war, nach dem man sich hätte richten können. Mein Grossvater hatte da seine eigene Methode. Auf dem höchsten Punkt des zu pflügenden Landes schlug er einen Pflock ein. Daran befestigte er ein rotes Taschentuch. Dann ging er zurück und stiess die scharfe Spitze der Pflugschar in den Grasboden. Nun richtete er seinen Blick fest auf den im Wind flatternden Wimpel und trieb die Ochsen an. So pflügte er die erste Furche. «Behalte stets den Wimpel im Auge», pflegte er späteren Pionieren zu raten. «Wenn du die einzuschlagende Richtung einmal ins Ausge gefasst hast, dann schau nicht mehr zurück. Du magst ausrutschen, du magst stolpern, du magst müde werden und dich vielleicht gar eine Weile hinsetzen. Was auch immer geschieht – schau nicht zurück, sonst ziehst du eine krumme Furche!»

Mein Grossvater hielt es eben auch mit dem Wort: «Niemand, der seine Hand an den Pflug legt und zurückblickt, ist tauglich für das Reich Gottes.» Schau nicht zurück! Gib dich nicht geschlagen! Lass nicht locker!

In Minnesota gibt es eine bekannte Baumschule, die prächtige Bäume und Sträucher nach dem ganzen Mittelwesten liefert. Der Besitzer dieses im wahren Sinne des Wortes blühenden Unternehmens heisst Clarence Flagstad. Er hat Erfolg, weil es Misserfolg für ihn einfach nicht gibt.

Es war kurz vor Beginn des Zweiten Weltkriegs. Mit seinem Vater und seinem Bruder zusammen hatte er die Baumschule begonnen, und die drei mussten sich Tag und Nacht abmühen, um das junge Unternehmen über Wasser halten zu können. Da kam der Krieg. Der Bruder wurde eingezogen. Clarence und sein Vater arbeiteten noch härter, mussten sie doch die Arbeitskraft des Bruders wettmachen. Da erreichte sie die entsetzliche Nachricht. Der Bruder war gefallen; nie würde er auf den Betrieb zurückkehren. «Wir machen weiter, Vater, wie mein Bruder das von uns erwartete», sagte Clarence. Sie machten weiter. Dann starb der Vater, und dieser Schlag traf den jungen Mann noch stärker. Jetzt war er ganz allein. Er fand sich kaum noch zurecht, und allmählich wurden die Briefe seiner Bank in Chicago wegen der rückständigen Zinsen immer deutlicher. Endlich kündigte man ihm die Hypotheken.

Clarence war verzweifelt: «Ich darf das Land nicht verlieren. Das darf nicht sein. Was würde Vater sagen? Was würde mein Bruder sagen? Ich muss nach Chicago und mit den Leuten reden!» Das war eine völlig absurde Idee. Der Betrieb sollte schon in wenigen Tagen versteigert werden; ausserdem hatte Clarence gar kein Geld für die Reise. Da erinnerte er sich, wie er schon verschiedentlich Landstreichern zugesehen hatte, wie sie sich auf anfahrende Züge schwangen. Warum nicht? Spät in der Nacht versteckte er sich auf einem Güterzug, kurz bevor dieser den Bahnhof Richtung Chicago verliess.

«Ich betete innig während dieser Fahrt», erzählte er später, «Herr, hilf mir die Bank finden, wenn ich in Chicago bin.» Er fand sie in einem Wolkenkratzer, dem höchsten Gebäude, das er je gesehen hatte. «Ich möchte den obersten Chef sprechen», verlangte er am Schalter. Er sagte nicht weswegen, und er liess sich nicht abweisen. Schliesslich wandte sich das Empfangsfräulein an den Direktor, der ein verständiger Mann war. «Führen Sie ihn zu mir», sagte er, und als Clarence ihm gegenübersass, erklärte er ihm: «Wir wollen nicht Ihr Land. Wir wollen nur unser Geld zurück, und wir wollen die aufgelaufenen Zinsen. Das ist unser Geschäft. Aber da Sie schon einmal hier sind, wollen wir sehen, ob wir nicht einen Weg finden, wie Sie Ihren Betrieb auf eine gesunde Grundlage stellen können.»

Clarence musste lückenlos Auskunft geben, und das machte es möglich, einen Finanzplan zu erstellen, der Hand und Fuss hatte. Als Clarence nach Hause zurückkehrte, war er voller Hoffnung und Zuversicht, und er wusste mehr denn je, dass man auch dann nicht aufgeben darf, wenn man keinen Weg mehr sieht.

Wenige Männer in der Geschichte Amerikas haben wohl über ausgeprägtere Kraft des Vertrauens verfügt als Theodore Roosevelt. John Morley sagte, als er von einem Amerikaaufenthalt nach England zurückkehrte: «In der Neuen Welt habe ich zwei überwältigende Naturkräfte gesehen – die Niagarafälle und den Präsidenten der Vereinigten Staaten, Theodore Roosevelt. Und ich weiss nicht, welcher von beiden mir mehr Eindruck gemacht hat.»

Das erinnert auch an die Beschreibung, die Winston Churchill von einem seiner Generäle des Afrikafeldzugs gegeben hat: «Er ist wie ein in festgefrorenem Boden verankerter Eisenpfahl – unerschütterlich, unverrückbar.» Kämpfernaturen verfügen über einen unerschöpflichen Vorrat an seelischer Kraft.

Als Abraham Lincoln noch unentschlossen war, ob er für ein öffentliches Amt kandidieren solle, wurde das Abkommen von Missouri widerrufen. Das war 1854. Es bedeutete, dass die Sklaverei ihren Fortgang nehmen und von den Bundesbehörden noch ermutigt würde. Da zeigte sich die moralische Stärke Abraham Lincolns: «Ich weiss, dass es einen Gott gibt und dass Er Ungerechtigkeit und Sklaverei hasst. Wenn Er mich in Seinem Kampf braucht, dann stehe ich zur Verfügung.» Er wurde Präsident der Vereinigten Staaten, obwohl die Südstaaten sich lossagten oder mit der Loslösung drohten. Die neu geschaffene Union war in Gefahr. Es gab Leute, die sagten: «Lasst den Süden ziehen. Seien wir doch froh, wenn wir ihn los sind.» Aber Abraham Lincoln war anderer Ansicht. Das Resultat war der Bürgerkrieg. Das bedeutete aber auch die Rettung der Union und das Ende der Sklaverei.

Im harten Lebenskampf trägt der Mensch den Sieg davon, dessen Zuversicht nicht erlahmt.

«Ich werde wiederkommen», sagte General MacArthur, als er die Insel Corregidor räumen musste. Er hielt sein Wort. Manches Mal, wenn ich eine moralische Aufmunterung nötig hatte, sah ich im Geiste die berühmte Fotografie Mac-Arthurs vor mir, wie er mit offenem Hemd, zerknitterter Mütze, der Maiskolbenpfeife über dem vorgereckten Kinn durch die Wellen watet, um die Insel wieder zu besetzen. Er ist wiedergekommen!

Grosse Menschen sind ganz gewöhnliche Menschen, die die Hoffnung nicht aufgeben und die Zuversicht nicht verlieren!

# So wirkt der Glaube,
# der Berge versetzt

*«Wenn ihr Glauben habt wie ein Senfkorn, werdet ihr zu diesem Berge sprechen: Hebe dich weg von hier, dorthin! und er wird sich hinwegheben, und nichts wird euch unmöglich sein.»*

Es gibt viele Menschen, die behaupten, Glaube zu besitzen, und die dennoch in ihrem Leben nur wenig erreichen. Woran mag das liegen? Vielleicht ist ihr Glaube nicht stark genug!
Sie kommen mir vor wie die Leute, wie man sie an jedem Strand beobachten kann, die vorsichtig ihre Zehen ins Wasser tauchen, ja vielleicht noch bis zu den Knöcheln ins Wasser waten, dann aber den ganzen Tag an der Sonne liegen und am Abend erzählen, sie seien schwimmen gewesen.
Andere gibt es, die bis zu den Hüften ins Wasser gehen, ehe sie sich in den warmen Sand legen.
Es gibt aber auch den, der stets weiter hinausgeht, bis das Wasser seine Schultern erreicht und er zu schwimmen beginnt. Nur er darf mit Fug von sich behaupten, er sei schwimmen gewesen.
Der Glaube, der Berge versetzt, hat nichts gemein mit dem Netzen der Zehen. Er verlangt von uns, dass wir uns ins Wasser wagen.

## Acht Schritte zum Glauben, der Berge versetzt

*1. Träumen.* Berge versetzen beginnt oft mit einer Vision. Die stärkste Kraft, die es auf Erden gibt, ist die Kraft einer schöpferischen Idee. Jedes erfolgreiche Unternehmen beginnt mit einer Vision. Jemand hat einmal gesagt: «Es gibt keine grossen Menschen, nur Menschen mit grossen Ideen.» Und in der Tat kann man nicht selten die Grösse eines Menschen an der Grösse seiner Vorstellungskraft messen.

Glaube hängt eng mit der Vorstellungskraft zusammen. Wenn du keinen Traum hast, wie sollen deine Träume denn wahr werden? Nutze daher deine Vorstellungskraft, indem du dir ausmalst, was du erreichen möchtest.

Weise alle negativen Gedanken und alle Vorstellungen von Misserfolg weit von dir. Sieh dich als Freund und Partner Gottes, dem nichts unmöglich ist. Glaube beginnt mit einer Vision. Aber der Glaube muss tief und stark sein, wenn er wirken soll.

*2. Wollen.* Glaube äussert sich auch darin, etwas so sehr zu wollen, dass du gewiss bist, du wirst es irgendwann, irgendwie, irgendwo erreichen. Durch ungenügendes bewusstes Wollen wird mehr Glaube zunichte gemacht als durch wirkliche Zweifel.

Keinem Menschen wird das ihm Gemässe gelingen, wenn er es nicht mit allen seinen Kräften erreichen will. Wer hingegen sein Ziel unverrückbar vor sich sieht und es wirklich erreichen will, der wird es auch schaffen. Das alte Sprichwort hat immer noch Geltung: «Wo ein Wille ist, ist auch ein Weg.»

Wir glauben, was wir glauben wollen!

Glauben ist zuerst Wollen!

Das bedeutet, dass wir wissen müssen, was wir überhaupt wollen. Nicht wenige scheitern, weil sie sich nicht klar sind, was sie tatsächlich wollen. Wir dürfen uns nicht wundern, dass wir unser Ziel nicht erreichen, wenn wir von diesem Ziel selber nur eine unklare, verschwommene Vorstellung haben. Wir müssen uns daher schon von Anfang an eine in die Einzelheiten gehende Vorstellung dessen machen, was uns vorschwebt.

Je deutlicher unsere Vision Form annimmt, um so mehr werden wir uns dafür begeistern und um so grösser wird unser Wunsch werden, sie zu verwirklichen.

Jetzt kann uns nichts mehr zurückhalten. Wir werden planen, organisieren und arbeiten, bis wir unser Ziel erreicht haben. Grosse Ziele verlangen grosse Beharrlichkeit. Und wer Ausdauer und Beharrlichkeit besitzt, wird auch Erfolg haben. Misserfolg kann sich nur einstellen, wenn wir in unserem Wollen und in unserem Bemühen nachzulassen beginnen. Glaube bedeutet, etwas von ganzem Herzen wollen!

Wenn du weisst, was du willst, bleibt dir noch zu prüfen: «Ist es richtig? Kann ich es verantworten? Kann ich Gott bitten, dabei mein Partner zu sein?» Kannst du auf diese entscheidende Frage mit Ja antworten, dann bist du auf dem rechten Weg.

3. *Wagen.* Zweifel ist oft nichts anderes als Mangel an Mut. Die Furcht vor Schwierigkeiten, vor Komplikationen oder vor persönlichen Opfern hat schon manche Idee, manchen Traum, manches Projekt zunichte gemacht. Starker Glaube lässt Furcht nicht aufkommen. Mit Gott an deiner Seite kannst du Grosses wagen!

Der Glaube, der Berge versetzt, besteht nicht bloss aus Träumen und Wollen. Er setzt auch die Bereitschaft voraus, etwas zu wagen. Glaube heisst, Entscheidungen zu treffen, ohne eine Garantie für den Erfolg zu haben. Glaube ohne Risiko wäre ein Widerspruch. Glaube bedeutet, etwas wagen, ohne ganz sicher zu sein, wie es ausgehen wird. Denke daran:

*Jede Entscheidung bedeutet ein Risiko*

Auch Unentschlossenheit kommt einer Entscheidung gleich. Ja, selbst wenn du entscheidest, nichts zu unternehmen, riskierst du möglicherweise, die Chance deines Lebens zu verpassen. Sicher kennst du aus Erfahrung die trostlosesten Worte, die es überhaupt gibt: «Hätte ich doch nur …»

Viele Menschen versagen, ohne es zu wissen. Sie gehen ohne einen sichtbaren Rückschlag durchs Leben. Sie erleiden keine Schlappen und keine Niederlagen. Sie halten sich für erfolgreich. Aber in Wahrheit haben sie versagt, weil sie die Möglichkeit ihres Lebens nicht gesehen und nicht wahrgenommen haben. Sie sind Versager, ohne es zu wissen.

Glaube bedeutet auch die Bereitschaft, Enttäuschungen auf sich zu nehmen. Positiv denkende Menschen haben die Furcht vor Enttäuschungen aus ihrem Denken verbannt. Wie viele Menschen stellen sich nie zum Kampf, wagen sich nie an etwas Grosses aus Furcht, sie könnten verlieren. «Wer nichts wagt, verliert nichts.» Ich war geradezu erschüttert, als mir ein junger Mann mit diesem deprimierenden Ausspruch kam. «Das ist nicht wahr», entgegnete ich ihm. «Sie verlieren das, was Sie hätten gewinnen können!»

Eine der Tragödien im Leben mancher Menschen besteht darin, dass sie ihre Ziele bewusst zu niedrig ansetzen, nur um sich vor möglichen Enttäuschungen zu bewahren. Natürlich sollen unsere Ziele realistisch sein, aber sie sollen gleichzeitig so hoch sein, dass uns ihre Erreichung wie ein Wunder anmutet. Manche Menschen halten sich für erfolgreich, weil sie alle ihre Ziele erreicht haben. In Wahrheit haben sie jedoch darin versagt, ihre Ziele nicht ihren grösseren Möglichkeiten gemäss zu stecken.

Andererseits gibt es natürlich Menschen, die nicht alle ihre hochgesteckten Ziele erreichten. Sie gaben aber alles, was sie geben konnten. Und das ist auch ein Erfolg! Erfolg muss nicht notwendigerweise im Erreichen eines Zieles bestehen; Erfolg bedeutet, dass man aus den gegebenen Möglichkeiten das Beste gemacht hat.

Glaube bedeutet auch die Bereitschaft, sich öffentlicher Kritik auszusetzen. Noch jede neue Idee ist von negativ denkenden Menschen kritisiert und verworfen worden. Das soll nicht heissen, dass wir die Meinung unserer Mitmenschen missachten sollen, aber wir sollen sie richtig werten.

Wir wollen daran denken, dass wir mit einigen Menschen einen Teil unseres Lebens verbringen, mit einigen wenigen Menschen den grössten Teil unseres Lebens, mit uns selber aber das ganze Leben. Und mit Gott sind wir auf ewig vereint! Deshalb wollen wir uns bei gewissen Entscheidungen fragen:

1. Was sagt Gott dazu?
2. Wie denke ich darüber?
3. Was halten meine Freunde davon?
4. Richtet sich das, was ich erreichen will, gegen die Interessen der Allgemeinheit?

Der positiv denkende Mensch, der seine Entscheidungen so trifft, weiss, dass es ihm gelingen wird, die abwartende oder abweisende öffentliche Meinung zu seinen Gunsten zu ändern, wenn es nötig sein sollte.

Glaube bedeutet auch den Mut zur Unvollkommenheit. «Wenn dieses Buch kein Bestseller wird, dann gebe ich es nicht heraus», dachte ich früher einmal. Bis ich mir bewusst wurde:

*Besser etwas Unvollkommenes schaffen als nie etwas Vollkommenes!*

Manches, was wir unternehmen könnten, wäre von überwältigendem Erfolg gekrönt, wenn wir bereit wären, das Wagnis der Mittelmässigkeit einzugehen. Was wir als mittelmässig taxieren, mögen andere als hervorragend bewerten. Norman Vincent Peale arbeitete lange und hart an seinem ersten Buch. Dann warf er das Manuskript in den Papierkorb, weil es ihm nicht gut genug erschien. Glücklicherweise wurde es herausgefischt und an einen Verlag zur Begutachtung gesandt. Bald darauf erschien es unter dem Titel «Die Kraft positiven Denkens» und erlebte seither Millionenauflagen.

Glaube bedeutet auch die Bereitschaft, Risiken einzugehen. Weisst du, wovor positiv denkende Menschen sich mehr fürchten als vor dem Versagen? Vor Interesselosigkeit, Stillstand, Rückschritt. Vor dem stickigen, muffigen Hang, «auf Sicher zu gehen».

Risiken eingehen schafft Spannung. Spannung schafft Begeisterung. Begeisterung schafft Energie. Das ist der Kreislauf des Erfolges.

Plötzlich stehst du im Rampenlicht. Die Aufmerksamkeit ist nie auf den selbstzufriedenen Zuschauer gerichtet, sondern auf den tatkräftigen, wagemutigen Kämpfer, der im Mittelpunkt steht. Und je grösser der Einsatz, um so grösser die Menge der Zuschauer. Dem Läufer auf der Aschenbahn gelten die Aufmerksamkeit, die Anfeuerung, der Beifall. Und er ist es, der schlussendlich den Preis bekommt – nicht jener, der Würstchen essend auf der Tribüne sitzt.

In der heutigen Zeit gilt es, die Aufmerksamkeit der Menschen zu erwecken, ehe sie von einem Notiz nehmen. Daher dürfen wir uns vor Publizität nicht scheuen.

Wer etwas wagt, steht im Rampenlicht. Er findet immer Unterstützung. Mutige Menschen ziehen mutige Menschen an. Schöpferische Menschen ziehen schöpferische Menschen an. Menschen, die in grossen Dimensionen denken, fühlen sich zu Menschen hingezogen, die ebenfalls in grossen Dimensionen denken. Bedeutende Menschen, mutige Menschen werden von furchtsamen, nichts wagenden, nichts unternehmenden Menschen bestimmt nicht angezogen. Wer im Rampenlicht steht, wird beobachtet. Und wenn seine

Idee Hand und Fuss hat und er seine Sache recht macht, findet er Unterstützung.

Völlig unerwartete Quellen erschliessen sich ihm. Damit rückt auch der Erfolg näher. Ich habe eifersüchtige negativ denkende Menschen sagen hören: «Diese Leute haben einfach Glück. Herr Müller arbeitet mit ihnen zusammen – ohne ihn wären sie nie so erfolgreich.» Aber warum arbeitet Herr Müller mit ihnen zusammen? Warum arbeitet er nicht mit dem negativ denkenden Menschen zusammen? Weil fähige Menschen nur von fähigen Menschen inspiriert und angezogen werden.

Ein Mensch, der nichts wagt und der die Sicherheit über alles stellt, erweckt den Eindruck von Unentschlossenheit und Ängstlichkeit. Kein Wunder, fühlen sich tatkräftige Menschen nicht zu ihm hingezogen.

Es heisst nicht umsonst: «Wer wagt, gewinnt!» Und der grösste Preis, den es im Leben zu gewinnen gilt, heisst – Selbstvertrauen.

### Selbstvertrauen bedeutet Sicherheit!

Was ist Sicherheit im Grunde genommen anderes als die Verankerung in sich selber? Was ist Unsicherheit anderes als Mangel an Vertrauen in die eigenen Fähigkeiten?

Wie verhilft man einem Menschen zur inneren Sicherheit? Indem man ihm hilft, sein Selbstver-

231

trauen zu stärken! Selbstsicherheit und Selbstvertrauen sind die wahre Sicherheit.

*Leben ohne Furcht ist noch kein Zeichen von Mut.*

Menschen, die auf Sicher gehen, kennen vielleicht keine Furcht. Was aber, wenn sie einmal der Gefahr ins Angesicht sehen müssten? Sie würden plötzlich entdecken, dass es ihnen an Mut gebricht und dass sie sich bisher in einer Scheinsicherheit gewiegt haben. Wahre Sicherheit entspringt echtem Selbstvertrauen.
Selbstsicherheit erlangt nur, wer sich in schwierigen Situationen bewährt hat. Sich Risiken aussetzen und sie erfolgreich bestehen ist der einzige Weg zu wahrem Selbstvertrauen. Selbstvertrauen kann man nicht ererben. Jeder einzelne und jede Generation muss es sich neu erarbeiten. Das geschieht, indem man etwas wagt, indem man bereit ist, Risiken auf sich zu nehmen. Glaube ohne Selbstvertrauen ist eine halbe Sache.

*4. Beginnen.* Du hast deine Vision, du hast dein Denken von Gefühlen der Furcht befreit – nun mach dich an die Arbeit!
Es genügt nicht, zu träumen, zu wollen und zu wagen – man muss auch beginnen. Wir alle kennen Menschen, die wertvolle Ideen und hochfliegende Pläne haben, die sich aber nie ans Werk machen. Fehlt es ihnen an Selbstvertrauen, an wahrem Glauben?

Wer von echtem Glauben beseelt ist, der wird seinen Weg vom anfänglichen Traum bis zum schlussendlichen Erfolg konsequent gehen. Nichts kann ihn aufhalten. Und er weiss vor allem, dass er nicht ans Ziel gelangen kann, solange er sich nicht auf den Weg macht. Darum beginne, fange an, unternimm etwas!

Ich habe immer wieder gesehen, dass echte Unterstützung nur dem zuteil wird, der zuversichtlich an seine Aufgabe herangeht.

Auch Gott setzt sich selten für uns ein, bevor wir uns an die Arbeit machen. Und echter Glaube verlangt, dass wir bereit sind, alle nur denkbaren Schwierigkeiten und das Risiko des Versagens auf uns zu nehmen. Aber Gott lässt uns nicht im Stich, wenn wir uns an die Durchführung eines wohldurchdachten Projektes wagen.

Einer der nützlichsten Sätze, die ich kenne, stammt von Professor Milton Hinga, einem Geschichtsprofessor am Hope-College. Als er einmal erfuhr, dass noch keiner seiner Studenten mit der gestellten Semesteraufgabe auch nur begonnen hatte, sagte er: «Ich sage Ihnen nun das Bedeutungsvollste, das Sie in Ihrem Leben je zu hören bekommen werden.»

Alle warteten gespannt. Alle Augen waren auf ihn gerichtet. In ruhigem, aber bestimmtem Ton fuhr er fort: «Es ist mir egal, ob Sie bei der Prüfung durchfallen. Es ist mir auch egal, ob Sie alles wieder vergessen, was ich Ihnen beizubringen versuche. Aber es ist mir nicht egal, ob Sie das wieder vergessen, was ich Ihnen jetzt sage» – und nach einer dramatischen Pause rief er in den Hörsaal:

*«Begonnen ist halb getan!»*

Hast du eine gute Idee? Hast du dich mit Leuten darüber unterhalten, die etwas davon verstehen? Bist du überzeugt, dass deine Idee neu, sinnvoll und durchführbar ist? Bist du bereit, das damit verbundene Risiko auf dich zu nehmen? Dann fang um Gottes willen an! Beginne noch heute damit!

Lass dich durch nichts abhalten. Mach dich an die Arbeit! Begonnen ist halb getan!

Glaube, der sich nicht hinter dem Ofen hervorwagt, hat nicht einmal genug Kraft, einen Maulwurfhügel zu versetzen. Wir dürfen nicht erwarten, dass Gott uns hilft, Berge zu versetzen, wenn uns nicht einmal daran gelegen ist, überhaupt zu beginnen.

5. *Vertrauen.* Viele Menschen gelangen nicht ans Ziel, weil ihrem Glauben das Vertrauen, die Zuversicht fehlen. Ihr Glaube war stark genug, ihre Vorstellungskraft wirken zu lassen. Ihr Glaube war stark genug, vernünftige Gespräche mit Sachverständigen zu führen. Ihr Glaube war stark genug, ihr Unternehmen zu planen und zu beginnen. Aber es mangelte ihnen an Zuversicht. Sie wagten

sich wohl an die Ausführung ihres Planes, aber dann begannen sie zu zweifeln, ob sie damit auch Erfolg haben würden.

Dr. Norman Vincent Peale sagt: «Zuversicht ist Kraft, die zum Erfolg führt. Warum? Wenn ein Mensch zuversichtlich ist, wenn er überzeugt ist, ans Ziel zu kommen, dann behält er nichts zurück, dann gibt er alles, was er hat. Die meisten Menschen, die scheitern, scheitern nicht, weil es ihnen an Fähigkeit, Intelligenz oder Möglichkeiten mangelt, sondern weil sie nicht alles einsetzen, was sie haben.»

Wenn du voller Zuversicht bist, dann behältst du nichts zurück, sondern bist bereit, alles, was du hast – dein Geld, deine Kraft, deinen Ruf –, voll einzusetzen, weil du darauf vertraust, dein Ziel zu erreichen. Solch voller Einsatz führt fast zwangsläufig zum Erfolg. Er findet auch die Hilfe und Unterstützung, die er allenfalls nötig hat.

Ein erfolgreicher Staatsmann hat einmal gesagt:

*«Wage Grosses und erhoffe Grosses!»*

Das will nicht heissen, dass wir unser Ziel immer erreichen. Es bedeutet, dass wir das Maximum des in unseren Möglichkeiten Liegenden anstreben sollen.

Lass dich nicht entmutigen, wenn du nicht alles erreichst, was du dir vorgenommen hast.

Wer nicht damit rechnet, Erfolg zu haben, hält

unwillkürlich zurück – mit seiner Kraft, seinem Einsatz, seiner Begeisterung. So wird es ihm schwerlich gelingen, andere Menschen für seine Sache zu gewinnen. Seine innere Unsicherheit kommt in seiner ganzen Haltung zum Ausdruck; sie überträgt sich auf seine Mitmenschen und hält sie ab, ihm zu helfen.

Es gibt zwei Hauptgründe, warum Menschen nicht ans Ziel kommen. Beide haben ihren Ursprung im Mangel an jenem Glauben, der Berge versetzt. Einmal sind es unentschlossene Menschen; Menschen, die nicht fähig sind, rasche und eindeutige Entscheidungen zu treffen. Zum andern sind es Menschen, die sich wohl entscheiden können, denen aber die nötige Zielstrebigkeit fehlt. Sie ergreifen wohl die Gelegenheit, doch dann werden sie unsicher, bekommen Angst und beginnen sich zu fragen, ob sie auch tatsächlich die richtige Entscheidung getroffen haben. Sie haben zwar die Hand an den Pflug gelegt, aber jetzt schauen sie zurück.

Entwickle daher die Fähigkeit, Möglichkeiten richtig einzuschätzen, sie zu ergreifen und sie zielstrebig und zuversichtlich weiterzuverfolgen!

6. *Bejahen.* Glaube bedeutet auch, das Gelingen zu bejahen, noch ehe es Tatsache geworden ist. Glaube heisst, auf den Sieg Anspruch erheben, bevor er errungen ist. Das ist schwer; aber es ist wesentlich.

Unser angeborenes Gefühl für Bescheidenheit und Aufrichtigkeit möchte uns abhalten, Erfolge, auf die wir hoffen, publik zu machen. Wir empfinden die Verheissung eines Sieges, der noch nicht in Reichweite ist, als Anmassung und Wichtigtuerei. Wir halten es für richtiger, nichts zu sagen, uns ruhig zu verhalten, still zu hoffen und unserer Freude erst Ausdruck zu geben, wenn wir am Ziel sind.

War Paulus bescheiden, als er sagte: «Alles vermag ich durch den, der mich stark macht!» Übertrieb er? Oder sind diese Worte nicht ein Beispiel des unerschütterlichen Glaubens, der Berge zu versetzen vermag?

Menschen, die daran glauben, dass sie Berge zu versetzen vermögen, fürchten sich nicht, ihren Erfolg im voraus zu verkünden. Sie wissen, dass die Ratten das sinkende Schiff verlassen. Sie wissen, dass nichts den Erfolg so sehr anzieht wie der Erfolg selber. Sie wissen, dass niemand gerne einem Verlierer Gefolgschaft leistet. Sie wissen, dass sie zeigen müssen, dass sie an ihren Erfolg glauben, um die Unterstützung zu erlangen, die sie nötig haben. Darum hat ihre mutige Ankündigung, ihre kühne Verheissung nichts mit Überheblichkeit oder mit Unbescheidenheit zu tun – sie ist vielmehr der Ausdruck ihres starken, unerschütterlichen Glaubens.

Bejahen, das ist Glaube, der Begeisterung weckt. Bewusste Bejahung stärkt das Gefühl der Zuversicht und erzeugt mitreissende Begeisterung. Bejahe das Gelingen, und die Kraft der Begeisterung wird dein Dasein mitbestimmen.

Begeisterte Menschen sind tatkräftige, sind energiegeladene Menschen.

Begeisterte Menschen bringen Schwung in eine Sache. Sie schaffen einen guten Geist und erwecken Vertrauen.

Es muss uns daher nicht wundern, dass bejahende Menschen fähige Leute förmlich anziehen, die bereitwillig ihre Fähigkeiten, ihre Zeit und ihre Mittel zur Verfügung stellen, um einen Traum verwirklichen zu helfen.

«Verkündigen Sie überall vertrauensvoll, dass Sie die Wahl gewinnen werden», riet ich einmal einem jungen Mann, der sich um ein öffentliches Amt bewarb. «Aber wenn ich unterliege, wenn ich nicht gewählt werde, was sage ich dann?» fragte er mich. Darauf entgegnete ich ihm: «Sollten Sie verlieren, dann können Sie erhobenen Hauptes sagen: ‹Zum mindesten besass ich das Vertrauen, ich würde die Wahl gewinnen!› Haben Sie schon einmal erlebt, dass sich jemand um ein öffentliches Amt bewarb und nicht gewagt hätte, seinen Sieg zu erwarten?»

Es steht fest: Allein sind nur wenige Menschen in der Lage, Berge zu versetzen. Und wir können unsere Mitmenschen nur dann dazu bewegen, uns zu helfen, wenn wir Vertrauen in unseren Erfolg erwecken können.

Ist dein Glaube so stark, dass du vom Gelingen überzeugt bist, noch ehe es ausser Frage steht?

7. *Warten.* Der Glaube vermag Berge zu versetzen, dem die Kraft des Wartenkönnens innewohnt.

Du hast das sichere Ufer verlassen; das Wasser steht dir bis zum Hals; du fühlst keinen Boden mehr unter den Füssen; aber du hast noch nicht zu schwimmen begonnen. Das ist der Moment der Bewährung für deinen Glauben.

Bei allem, was du unternimmst, wirst du an einen Punkt kommen, wo du nicht mehr zurück kannst, wo dein Erfolg aber auch noch nicht abzusehen ist. Probleme, die du nicht voraussehen konntest, stürmen auf dich ein. Das ist der Punkt, an dem du nicht aufgeben, nicht kneifen darfst, sondern weitermachen und das Beste hoffen musst.

Glaube haben bedeutet warten können. Fast jedes Projekt gerät zuzeiten in eine Phase, in der die Probleme erdrückend scheinen. Das ist der Moment sich zu erinnern, dass Glaube, der Berge versetzt, Glaube ist, dem die Kraft des Wartenkönnens innewohnt.

Wie oft haben mich doch entmutigte Menschen gefragt: «Ich habe gebetet, aber es hat nichts genützt. Ich habe versucht, an Gott zu glauben, aber es hilft mir nicht. Was ist mit meinem Glauben nicht in Ordnung?» Fast jedesmal musste ich feststellen, dass dem Glauben dieser Menschen etwas Wesentliches fehlte – die Geduld.

Menschen, die Erfolg haben, sind Menschen, die wissen, dass jedes Projekt eine Phase durchmacht, in der es nichts anderes zu tun gibt als warten. Die Gefahr ist gross, dass wir in dieser Phase der Versuchung erliegen, aufzugeben.

Vor neun Jahren erzählte ich einem verständigen Freund von dem neuen Gotteshaus, das mir vorschwebte, und bat ihn um seine Ansicht und seinen Rat. Er gab mir zur Antwort: «Ich finde deine Idee grossartig. Aber alles, was du jetzt dafür tun kannst, ist vermutlich warten und die Dinge sich entwickeln lassen.» Das war ein weiser und ein vernünftiger Rat, und ich werde nie vergessen, welche Betonung mein Freund auf die Worte «sich entwickeln lassen» legte. Auf dem Weg zu einem Ziel gibt es immer wieder Zeiten, da wir nichts anderes tun können als warten.

Dies gilt vor allem dann, wenn wir einen Rückschlag erlitten haben. Erfolgreiche Menschen sind Menschen, die sich weigern, an eine Niederlage zu glauben. Ihre unendliche Geduld bewahrt sie davor, aufzugeben. Wo der Durchschnitt aufgibt, bleibt der positiv denkende Mensch fest und vertraut darauf, dass sich irgendwie, irgendwann ein Weg auftun wird, der ihn ans Ziel führt.

Hast du Probleme in deinem Privatleben oder im Geschäft? Vertraue auf die Kraft der Geduld, und du wirst deine Probleme meistern. Was wie ein

Rückschlag aussieht, entpuppt sich oft als ein gut getarnter Glücksfall.

Glaube, der Berge versetzt, ist Glaube, der durchhält, auch wenn etwas aussichtslos erscheint.

Starker Glaube ist nichts anderes als Glaube, der nicht aufgibt.

Wenn du trotz allem Bemühen wirklich nicht mehr kannst, dann bist du sehr wahrscheinlich reif für die stärkste Form des Glaubens. Denn es gibt Zeiten, da Glaube nichts anderes bedeutet als – sich fügen.

8. *Annehmen.* Wir alle erleben Situationen, in denen sich unser Berg nicht von der Stelle rührt – trotz allem, was wir unternehmen.

Dann scheint mir das einzige, was wir tun können, uns zu den Worten zu bekennen, die Christus sprach, ehe Er gekreuzigt wurde: «Vater, wenn du willst, so lass diesen Kelch an mir vorübergehen! Doch nicht mein, sondern dein Wille geschehe!» Dieses «Dein Wille geschehe» ist der Ausdruck des Glaubens in seiner stärksten Form.

Glaube, der Berge versetzt, bedeutet auch, sich dem Willen Gottes zu fügen. «Dein Wille geschehe» ist ohne Zweifel die eindrücklichste Glaubensbezeugung, die ein Mensch ablegen kann.

Wenn du keinen Weg mehr siehst, wenn alle deine Bemühungen fruchtlos sind, dann bete: «Dein Wille geschehe.»

Vor kurzem verlor ein junger Mann seine Frau.

So sehr ich mich auch bemühte, gelang es mir nicht, ihm über sein schweres Leid hinwegzuhelfen. Während der Bestattung betete ich still für ihn. Alle hatten die Kapelle bereits verlassen, und ich blieb mit dem gramgebeugten jungen Mann allein zurück. Da ereignete sich etwas Wunderbares. Tränenüberströmt betete der Mann: «Herr, ich gebe Dir meine Frau zurück.» Sein Glaube hatte die höchsten Höhen erreicht. Da gewann er auch seine Fassung zurück, und ruhig wandte er sich an mich: «Jetzt ist sie in guten Händen.» Beherrscht und aufrechten Ganges schritt er davon. Er hatte sich dem Willen Gottes gefügt; sein Glaube hatte ihm die Kraft gegeben, den Berg von Kummer, der auf ihm gelastet hatte, zu versetzen. So fand er seinen Seelenfrieden wieder.

Wie kannst du deine Pläne, deine Probleme dem Willen Gottes anheimstellen? Ich kann nur berichten, was mir geholfen hat. Je länger ich mich mit den Fragen unseres Daseins befasse, um so mehr erkenne ich, dass nur Gott weiss, was für uns gut ist und was für uns schlecht ist.

Eine meiner liebsten Geschichten ist die Erzählung von jenem alten Chinesen, der einen Sohn und ein Pferd hatte. Eines Tages brach das Pferd aus der Umzäunung aus und rannte auf und davon. Da kamen die Nachbarn herbei, die davon gehört hatten, und klagten: «Dein Pferd ist weg – welch ein Unglück!» Der alte Chinese antwortete nur: «Wie wollt ihr wissen, ob es ein Unglück ist?»

Und tatsächlich, schon in der nächsten Nacht kam das Pferd an seine gewohnte Futterstelle zurück. Aber es war nicht allein – mit ihm kamen zwölf Wildpferde dahergetrabt! Der Sohn sah die Pferde in der Umzäunung und verriegelte eilends das Tor. Nun besass der alte Chinese plötzlich dreizehn Pferde, statt, wie die Nachbarn geglaubt hatten, keines mehr. Diese vernahmen die gute Nachricht, kamen herbeigeeilt und sagten: «Du hast dreizehn Pferde – welch ein Glück!» Der alte Chinese antwortete gelassen: «Wie wollt ihr wissen, ob es ein Glück ist?»

Einige Tage später versuchte der Sohn, eines der Wildpferde zuzureiten. Dabei wurde er abgeworfen und brach sich ein Bein. Auch diesmal waren die Nachbarn mit ihrem voreiligen Urteil rasch zur Stelle: «Dein Sohn hat sich ein Bein gebrochen – welch ein Unglück!» Und wieder antwortete der weise alte Mann: «Wie wollt ihr wissen, ob es ein Unglück ist?» Und tatsächlich kam einige Tage darauf ein chinesischer Kriegsherr ins Dorf und zog alle marschtüchtigen Jünglinge zum Kriegsdienst ein. Keiner von ihnen kehrte je wieder zurück. Der Sohn des alten Chinesen wurde wegen seines gebrochenen Beines vor diesem Schicksal bewahrt.

Allein Gott weiss, was für uns gut ist und was für uns schlecht ist.

«Denen, die Gott lieben, wirken alle Dinge zum Guten.» Wenn wir uns bewusst sind, was diese

Worte tatsächlich für uns bedeuten, dann haben wir auch den wahren Sinn erfasst, der in dem Bekenntnis liegt: «Dein Wille geschehe.»

«Ich erwarte nochmals ein Kleines. Vielleicht wird es die Tochter, die wir uns immer so sehr gewünscht haben. Unsere vier Knaben freuen sich schon darauf.» Frau Rasmussen telefonierte diese Neuigkeit meiner Frau. «Wissen Sie», fuhr sie fort, «wir hatten die Hoffnung beinahe aufgegeben, nochmals ein Kind zu bekommen.» Und glücklich lachend fügte sie hinzu: «Vielleicht wird es tatsächlich ein Mädchen.»

Um die Weihnachtszeit telefonierte uns ihr Mann ganz aufgeregt die freudige Nachricht: «Wir haben eine Tochter! Wir taufen sie Lea. Beiden, Mutter und Tochter, geht es ausgezeichnet!»

Meine Frau meldete sich am Apparat, als der Mann zwei Wochen später wieder anrief. Diesmal kamen seine Worte stockend und mit trauriger Stimme: «Der Arzt hat uns heute gesagt, dass Lea mongoloid ist. Sie wird vielleicht nur ein paar Jahre leben.»

Ich fuhr unverzüglich zu ihnen. Frau Rasmussen öffnete mir die Türe, und trotz ihren feuchten Augen versuchte sie ein tapferes Lächeln. Wir beteten zusammen: «Herr, gib uns den Mut, das zu ändern, was geändert werden kann, und gib uns die Kraft des Glaubens, das anzunehmen, was nicht geändert werden kann. Dein Wille geschehe.»

Als ihnen wohlmeinende Bekannte rieten, Lea in ein Sonderheim zu geben, beteten die Rasmussens um Führung. Nach einigen Tagen sagten sie zu mir: «Für manche Familie wäre dies gewiss die richtige Entscheidung. Aber wir sind stark, und auch unsere Knaben lieben das Kind, so wie es ist. Wir sind überzeugt, Gott will, dass sie hier bei uns bleibt, wo wir alle sie liebhaben können.»

Das war vor acht Jahren. Letzte Woche erhielt meine Frau wieder einen Anruf von Frau Rasmussen. «Wie geht es Ihnen und wie geht es Lea?» fragte meine Frau. Die lebenssprühende Stimme einer vielbeschäftigten Hausfrau antwortete ihr: «Lea geht es ausgezeichnet. Wissen Sie, wir haben jetzt vier!» «Vier? Wie meinen Sie das?» fragte meine Frau. «Nun, wir haben drei andere Sonderkinder wie Lea gefunden, deren Eltern sich ihrer nicht annehmen konnten oder wollten. Sie waren als Pflegekinder untergebracht, und wir haben sie nun zu uns genommen und wollen unser Heim und unsere Liebe mit ihnen teilen. Lea hat sie schon alle in ihr Herz geschlossen. Wir waren noch nie so glücklich.»

Als ich Herrn Rasmussen fragte, ob ich davon in meinem Buch schreiben dürfe, gab er mir zur Antwort: «Gerne. Und sagen Sie Ihren Lesern, dass wir in jeder Situation, die Gott für uns bereithält, Quellen der Liebe und der Freude finden können. Sehen Sie, wir haben Lea, so wie sie ist, als vollwertigen Menschen angenommen. Wir wissen, dass

sie bisweilen schwierig ist, und deshalb verlieren wir an ihren schwierigen Tagen auch die Geduld nicht. Wir erwarten nicht, dass sie fehlerfrei ist, und daher lieben wir sie mit all ihren Fehlern. Seit damals, als wir beteten: ‹Dein Wille geschehe›, ist sie zu einem Segen für uns geworden und zu einer unausgesetzten Bereicherung unseres Daseins.»
Glaube, der Berge versetzt, bedeutet:

1. Träumen
2. Wollen
3. Wagen
4. Beginnen
5. Vertrauen
6. Bejahen
7. Warten
8. Annehmen

Wer verhilft uns zu diesem Glauben?
Der Grösste, der je zu positivem Denken und Leben führte!

# Der Grösste,
# der je zu positivem Denken
# und Leben führte

Eigentlich sprach alles dagegen, dass Er je dazu fähig wäre.

Einmal war Er Nazarener, und auf einen Nazarener aus Galiläa sahen zu jener Zeit sogar viele Juden herab. Welche Aussichten! Er war einfach am falschen Ort aufgewachsen. Jedermann wusste, dass Nazareth die schmutzigste und sittenloseste Stadt im ganzen Land war. Es war ein Knotenpunkt des damaligen Weltverkehrs, und das war gleichbedeutend mit Verderbtheit. «Was kann aus Nazareth schon Gutes kommen?» pflegten die Snobs zu sagen.

Sein Vater war ein einfacher Handwerker. Er wuchs in Armut auf. Sein Leben lang besass Er auch nie ein eigenes Heim, und Er sagte einmal: «Die Füchse haben Gruben, und die Vögel des Himmels haben Nester; der Sohn des Menschen dagegen hat nichts, wo er sein Haupt hinlegen kann.» Doch all dies tat Seiner Sendung keinen Abbruch.

Das Grossartige in Seinem Leben war, dass Er sich nie und unter keinen Umständen von einer falschen, negativen Geisteshaltung anstecken liess.

Dabei hätte Er nach menschlichem Ermessen doch allen Grund dazu gehabt.

Er besass keine Beziehungen. Auch wenn Er es gewollt hätte, hätte Er niemanden mit den Namen einflussreicher Bekannter beeindrucken können. (Ausser dass Er hätte sagen können, Er und der allmächtige Vater seien Eines.) Zu was für Menschen fühlte Er sich hingezogen? Nicht zu den grossen Bonzen. Nicht zu den grossen Herren aus Politik, Handel und Gesellschaft.

Aber welcher Art waren denn die Menschen, zu denen Er sich hingezogen fühlte? Es waren Menschen, die über ihre Nasenspitze hinaus denken konnten und die Vorstellungskraft und Glaube besassen.

Fischer, die sich vorstellen konnten, dass sie noch zu etwas anderem befähigt seien.

Eine kranke Frau, die daran glaubte, dass sie geheilt werden konnte.

Eine Ehebrecherin, die daran zu glauben wagte, dass aus ihr wieder eine ehrbare Frau würde.

Ein betrügerischer Beamter, der es für möglich hielt, dass er sein verlorenes Ansehen zurückgewinnen könne.

Und viele andere, wie du weisst.

Warum fühlte Er sich zu solchen Menschen hingezogen? Weil sie die waren, denen Er helfen konnte. Und sie waren auch die einzigen, die Ihm helfen konnten. Denn Er wollte das Unmögliche vollbringen. Er wollte die Welt verändern. Er glaubte, dass Er die Welt ändern könne, wenn es Ihm gelänge, die richtigen Menschen mit dem rechten Geist zu erfüllen.

Er versuchte, aus ihnen positiv denkende Menschen zu machen: «Wenn ihr Glaube habt wie ein Senfkorn, werdet ihr zu diesem Berge sprechen: Hebe dich weg von hier dorthin! und er wird sich hinwegheben, und nichts wird euch unmöglich sein.»

«Bleibet in mir und ich bleibe in euch. Wie der Zweig nicht von sich aus Frucht tragen kann, wenn er nicht am Weinstock bleibt, so auch ihr nicht, wenn ihr nicht in mir bleibt. Ich bin der Weinstock, ihr seid die Zweige. Wer in mir bleibt und ich in ihm, der trägt viel Frucht; denn ohne mich könnt ihr nichts tun», sagte Er zu ihnen. Und sie glaubten Ihm, als Er ihnen sagte: «Ihr seid das Salz der Erde; ihr seid das Licht der Welt.» Nie nannte Er sie Sünder. In jedem dieser Menschen sah Er grosse Möglichkeiten. Wie bemühte Er sich doch, ihnen das Gefühl von Selbstbewusstsein und Würde einzuflössen, das ihnen zukam! Waren sie doch Menschen mit der Möglichkeit, Ebenbilder Gottes zu sein.

Ja, Er hätte leicht ein Skeptiker werden können. War Ihm doch nicht viel Zeit gegeben, wahrhaft Grosses zu vollbringen. Sie töteten Ihn, als Er erst dreiunddreissig Jahre alt war. Er starb arm. Die

Römer, die Ihn ans Kreuz genagelt hatten, würfelten um Sein Gewand. Danach verlief sich die Menge. Er war nun tot. Doch selbst in Seinem Tod sah Er noch eine Möglichkeit. «Ich fahre auf zu meinem Vater und eurem Vater und zu meinem Gott und zu eurem Gott», sagte Er.

Selbst Seine Kreuzigung betrachtete Er als eine wunderbare Gelegenheit, aller Welt für ewige Zeiten zu sagen:

*Es gibt keine Sünde, die Gott nicht vergeben kann!*

Betete Er doch: «Vater, vergib ihnen; denn sie wissen nicht, was sie tun!» Und das Kreuz wurde zum zuversichtlichen Symbol, das die Welt erinnern soll, dass Gott jede Sünde vergeben kann, wenn Er diese grauenhafte Folterung vergab. Als Er tot war, nahmen Ihn Freunde behutsam vom Kreuz, hüllten Seinen nackten Leib liebevoll ein und legten Ihn in ein Grab.

«Das wäre erledigt!» dachte die Menge, die ihre blutige Tat vollendet hatte. «Den wären wir los!» dachten Seine Feinde. Er hatte Feinde. Etwas, was Er niemals duldete, war falsche Frömmigkeit. Dagegen kämpfte Er unablässig an, und das brachte Ihn in Schwierigkeiten.

Die Kreuze wurden entfernt; schon bald füllte Flugsand die Löcher. Sein Körper war tot, und tot war scheinbar Seine «grosse Idee». Seine Jünger waren verwirrt. Sie waren starr vor Schreck. Würden sie als nächste an die Reihe kommen? Keine Bewegung kann eindeutiger erledigt sein, als es Seine Bewegung an jenem Tag war. Er war gestorben, ohne etwas zu hinterlassen. Da gab es kein Manuskript, keine Vereinigung, kein Hauptquartier, keinen Besitz. Nur eine übermächtige Idee, wonach jedermann fast alles tun kann, solange er Gott nahe bleibt und Vertrauen hat.

Das war Seine grosse Idee.

Sein Tod schien zu beweisen, dass sie falsch war. Doch da ereignete sich etwas.

Was immer es war – Seine niedergeschmetterten, geschlagenen, gebrochenen Kameraden wurden plötzlich von einem Glauben ergriffen, wie er so machtvoll in der langen Geschichte der Menschheit noch nie offenbar geworden war.

Denn Er erschien ihnen. Er war wieder da!

«Gewiss gibt es ein Leben nach dem Tod. Ich beweise es euch, um ein für allemal Antwort zu geben.»

«Gewiss ist eure Aufgabe, hinzugehen und die Welt zu verändern!»

Um das zu sagen, war Er wiedergekommen. Und aus den eben noch so feigen Jüngern wurden die tapfersten Männer, die man sich denken kann. Sie kamen aus ihrem Versteck hervor und gingen auf die Strasse. Sie waren ihrer Sache sicher. Für sie gab es keinen Zweifel, dass sie ihren Meister wieder leibhaftig gesehen hatten. Sie waren so gewiss, dass sie – die sich vor wenigen Tagen noch gefürchtet hatten, sich nur zu zeigen – nun hingingen und auf den Strassen und Plätzen predigten. Sie fürchteten sich nicht mehr, getötet zu werden. Man schenkte ihnen keinen Glauben. Manche hielten sie für betrunken. Aber sie blieben unerschütterlich dabei: «Dieser Jesus, der getötet worden ist, lebt weiter! Wir haben Ihn gesehen. Wir haben mit Ihm gesprochen.»

Sie waren durch und durch veränderte Menschen. Sie waren vom Geist ihres Meisters durchdrungen, und so konnte nichts ihren Erfolg aufhalten. Denn sie waren erfüllt von Seinem lebendigen Geist! Und Er hatte ihnen gesagt: «Dieses Evangelium vom Reich wird auf dem ganzen Erdkreis gepredigt werden allen Völkern zum Zeugnis.» Welche Grösse! Welch grossartiger Plan!

Jemand sagte kürzlich zu mir: «Schade, dass Er nicht in unserer Zeit lebt. Wir könnten Ihn brauchen.» Und resigniert fügte er hinzu: «Warum musste Er bloss sterben?»

«Sterben? Er ist doch nicht tot», entgegnete ich. «Ich finde im Gegenteil, dass Sein Geist heute überaus lebendig ist.»

Er lebt, und immerfort sendet Er Seine Botschaft in die Seelen der Menschen. Unsere Seele ist bewusst so geschaffen, dass sie Gottes geistige Signale aufnehmen kann. Gott sendet uns unentwegt Botschaften. Aber wir müssen bereit sein, darauf zu hören, darauf anzusprechen. Wenn wir das tun, dann lebt Er in uns weiter.

Es gibt viele solcher Menschen überall auf der Welt. Es sind von Gott erfüllte Menschen.

Christus lebt und ist in den Menschen tätig, die Ihn annehmen.

Er lebt im schöpferischen Geist, in den empfindsamen Herzen und im unbeugsamen Willen ergebener Männer und Frauen. Er hat nie aufgehört zu lehren, zu heilen, zu erfinden, zu verhandeln, zu vergeben und zu beruhigen, dort, wo ein Mensch auf Seine Stimme hört.

Wo immer du bist und was immer du tust – du kannst gewiss sein, dass Christus dich brauchen kann und dass Er wünscht, in dir zu auferstehen. Das ist die höchste Möglichkeit im menschlichen Leben.

# Werde auch du ein erfolgreicher, positiv denkender Mensch

Du weisst nun, was du tun musst, um dein Ziel zu erreichen!

*Mache Schluss* mit der selbsttäuschenden und selbsterniedrigenden Gewohnheit, deine Fehler zu verteidigen, deine Niederlagen zu entschuldigen, deine Fehlentscheidungen zu beschönigen.

*Erforsche dein Innerstes,* um dir über deine Lage klar zu werden und die überall schlummernden Möglichkeiten zu erkennen, die nur darauf warten, geweckt zu werden.

*Höre* auf aufbauende Kritik, vernünftige Ansichten, ehrliche Ratschläge, mit denen dir aufrichtige und wohlmeinende Freunde beistehen wollen.

## I. Sieh und ergreife die Möglichkeiten, die in dir selber liegen

Meistere durch positives Denken deine Gefühle der Minderwertigkeit, der Unzulänglichkeit, der Schwäche. Gewinne Selbstvertrauen. Lerne, frohen Herzens mit dir zu leben.

*1.* Verstehe dich und deine Mitmenschen. Lass dich nicht täuschen – die Menschen sind nicht so sehr an deiner Erscheinung interessiert wie an deiner Persönlichkeit. Dein Aussehen kannst du ohnehin nicht gross ändern, aber deine Persönlichkeit kannst du gewaltig entwickeln.

2. Wenn du dir während Jahren eingeredet hast, du seiest entweder unzulänglich, minderwertig, unattraktiv, unbedeutend, unfähig, unintelligent oder es fehle dir an Selbstvertrauen, Liebenswürdigkeit, Anmut, sicherem Auftreten, und wenn du glaubst, es sei wirklich so – dann ändere deine Einstellung schleunigst!

3. Stärke deine Kräfte, indem du dir sagst: «Alles vermag ich durch den, der mich stark macht.»

4. Nimm dich selber an! Höre auf, dich über deine Herkunft zu grämen. Höre auf, deine Vergangenheit zu beklagen.

5. Entwickle dich weiter! Nichts fördert das Selbstvertrauen mehr als sich weiterbilden. Lies, vertiefe deine Kenntnisse, mehre dein Verständnis für deine Umwelt und deine Mitmenschen, kurz: entwickle dich weiter! Vergrössere deinen Interessenkreis ständig. Solange du dich weiterentwickelst, bist du nicht alt.

6. Zeichne dich durch etwas Besonderes aus! Wenn wir uns als durchschnittlich oder mittel-

mässig empfinden und das Gefühl haben, durch nichts Besonderes hervorzustechen, dann ist die Gefahr gross, dass wir uns selber ablehnen. Versuche darum, dich durch irgend etwas auszuzeichnen. Nimm dir zum Beispiel vor, du wollest der rücksichtsvollste Mensch im Haus oder im Geschäft sein oder der freundlichste, der liebenswürdigste, der verständigste. Oder alles zusammen!

7. Suche Verbindung mit etwas Bedeutungsvollem! Manche Menschen treten einem Club oder einem Verein bei. Das ist gut. Verbinde dich mit Gott – das ist noch besser!

8. Teile dein Leben mit andern! Schliesse aufrichtige Freundschaften. Wir Menschen von heute nehmen uns oft zuwenig Zeit für wahre Freundschaft. Wir kennen Hunderte von Menschen flüchtig und oberflächlich, haben aber oft niemanden, mit dem wir uns wirklich verbunden fühlen. Suche ein paar Menschen, mit denen dich gemeinsame Interessen verbinden.

9. Werde selbstlos! Das Geheimnis der Selbstachtung heisst Selbstlosigkeit.
Liebe deine Mitmenschen und bemühe dich, ihnen zu dienen – und du wirst keine Zeit finden, an Ichbezogenheit zu erkranken.

## II. Entdecke und entwickle die Möglichkeiten, die in jeder schöpferischen Idee liegen

Man soll nie einen Vorschlag ablehnen, ehe man gründlich geprüft hat, welche Möglichkeiten er birgt. Mache dir daher zum Grundsatz, jede Anregung positiv entgegenzunehmen.

*1.* Höre aufmerksam und aufgeschlossen zu, bis dein Gegenüber seinen Vorschlag zu Ende erklärt hat.

*2.* Misstraue einer negativen ersten Eingebung. Sie ist oft nichts anderes als Voreingenommenheit.

*3.* Hüte dich davor, dich einer positiven Idee zu verschliessen, weil sie deinen Plänen zuwiderläuft.

*4.* Sage nie voreilig nein zu einer Idee, an der irgend etwas Positives ist.

*5.* Denke daran, dass fast jeder positive Vorschlag zwangsläufig auch unangenehme Seiten hat.

*6.* Lehne eine Idee mit positiven Aspekten nicht ab, nur weil sie dir nicht gefällt oder du nicht an ihre Verwirklichung glaubst.

*7.* Suche bei jedem Vorschlag nach positiven Möglichkeiten. Gehe dabei gewissenhaft vor. Solltest du keine finden, dann frage dich zuerst, ob du nicht immer noch zu negativ denkst.

8. Überlege nun, wie du mit den unangenehmen, unerwünschten oder gefährlichen Seiten der an sich positiven Idee fertigwerden kannst. Finde, wenn nötig, die Menschen, die dir dabei helfen.

9. Suche jetzt Möglichkeiten und Wege, die positive Idee zu verwirklichen.
Gestatte dir während dieses ganzen Überlegungsvorganges nie zu denken oder zu glauben, irgend etwas sei unmöglich. Nur so wirst du dich mit Ideen wirkungsvoll auseinandersetzen, die andere vorschnell als zu gefährlich, zu teuer, wertlos oder was auch immer abtun. So bleiben dir die Möglichkeiten vorbehalten, die sie bieten.

### III. Sieh und ergreife die Möglichkeiten um dich herum

Verhilf den sich überall bietenden Möglichkeiten durch die Kraft positiven Denkens zum Erfolg!

1. Löse dich von deinem Hang zum negativen Denken. Statt dich von der Möglichkeit eines Misserfolgs abschrecken zu lassen, gehe vielmehr mit Selbstvertrauen an die Durchführung deines Plans. Lass keine negativen Gedanken aufkom-

men, wie «Ich bin nicht klug genug», «Ich kenne nicht die richtigen Leute», «Ich habe keine Beziehungen», «Ich habe kein Talent», «Ich bin behindert».

2. Flösse dir Selbstvertrauen ein mit Gedanken wie «Alles vermag ich durch den, der mich stark macht», «Alles ist möglich dem, der glaubt!», «Wenn ihr Glauben habt wie ein Senfkorn, dann wird euch nichts unmöglich sein».

3. Setze dir kurzfristige Ziele und Ziele auf lange Sicht. Erstelle eine Liste der möglichen Wege, diese Ziele zu erreichen.

4. Plane und mache dich an die Ausführung. Du weisst, dass der erste Schritt der schwierigste Teil jeder Aufgabe ist.

5. Verschaffe dir Zeit, Geld, Energie und Geisteskraft, um deinen Plan zu verwirklichen. Umgib dich nötigenfalls mit vertrauenswürdigen und fähigen Mitarbeitern.

6. Sei vom Erfolg überzeugt! Gib alles, was du hast, für deine Sache hin. Lasse nicht ab von deiner Vision.
Weigere dich, an Misserfolg zu glauben, und deine Möglichkeiten werden sich positiv entwickeln.

## IV. Finde die positiven Möglichkeiten, die in deinen Problemen liegen

*1.* Denke daran, dass ein Problem nichts anderes ist als eine ungelöste Aufgabe, die es zu lösen gilt.

*2.* Erinnere dich, dass die Voraussetzung zum Erfolg darin besteht, Bedürfnisse zu sehen und sie zu befriedigen.

*3.* Sei dir bewusst, dass jedes Problem ungeahnte Möglichkeiten birgt.

*4.* Begrüsse jedes Problem als eine positive Herausforderung.

*5.* Suche und finde irgendwo irgendwen, der dir nötigenfalls helfen kann, dein Problem zu lösen. Begegne deinen Problemen mit schöpferischer Einstellung, und sie können dich nicht besiegen.

## V. Versuche auch in einem tragischen Erlebnis positive Möglichkeiten zu sehen

Wie kann man nach einem erschütternden Erlebnis die Lebensfreude zurückgewinnen? Als Seelsorger habe ich Hunderte von tapferen Männern und Frauen gesehen, für die eine vermeintliche Tragödie zur wahren Erleuchtung wurde.

*1.* Wappne dich gegen Selbstmitleid! Warum soll ausgerechnet dir Kummer und Herzeleid erspart bleiben? Gott hat uns nicht «blauen Himmel und blumenbestreute Pfade ein Leben lang» verheissen. Selbstmitleid macht lediglich unsere positive Einstellung zunichte.

*2.* Quäle dich nicht mit Schuldgefühlen! Gram ist immer mit Schuld gemischt. Das ist natürlich, aber es ist auch schädlich. Füge dir nicht noch mehr Schmerz zu, indem du dir Selbstvorwürfe machst. Selbstvorwürfe nützen niemandem, aber sie schmerzen dich und andere. Wenn du dich wirklich schuldig fühlst, dann bitte Gott um Vergebung. Er wird sie dir nicht versagen.

*3.* Schwierigkeiten lassen uns nie so zurück, wie sie uns vorfanden. Sie machen uns verbittert, zynisch, hartherzig, gefühlsarm, wenn wir das wollen. Sei doch vernünftig und denke daran, dass dadurch dein Elend nur noch grösser würde. Denn kein zynischer, verbitterter Mensch ist glücklich. Wehre dich darum gegen diese destruktive Geisteshaltung. Mache die Sache nicht schlimmer für dich und andere.

*4.* Sage dir lieber, dass dir dieses tragische Erlebnis helfen soll, ein besserer Mensch zu werden. Jede Tragödie bietet uns Möglichkeiten, liebenswürdiger, ausgeglichener, mitfühlender zu werden.

5. Denke daran, dass dich dieses Erlebnis entweder Gott näherbringen oder von ihm entfernen
wird. Viele Menschen bestätigen, dass sie in Zeiten grösster Herzensnot die wahrhaftesten Begeg-
nungen mit dem lebendigen Gott hatten.

Lass dich durch deine Probleme Gott näherbringen. Er lebt; Er liebt; Er führt; Er zieht zu sich
empor!

Du wirst der Freude teilhaftig werden, die diejenigen empfinden, die zu starker Liebe fähig sind,
weil sie stark verwundet wurden.

Nichts im Leben kann dich niederringen. Positives Denken verhilft dir zu einem sinnvollen und
erfüllten Leben!